童喜喜教育文集

校长的超越

童喜喜 著

电子工业出版社
Publishing House of Electronics Industry
北京·BEIJING

未经许可，不得以任何方式复制或抄袭本书之部分或全部内容。
版权所有，侵权必究。

图书在版编目（CIP）数据

校长的超越/童喜喜著.—北京：电子工业出版社，2022.3

ISBN 978-7-121-43065-7

Ⅰ.①校⋯　Ⅱ.①童⋯　Ⅲ.①中小学—校长—学校管理　Ⅳ.① G637.1

中国版本图书馆 CIP 数据核字（2022）第 038293 号

责任编辑：胡　南　　杨雅琳
印　　　刷：天津千鹤文化传播有限公司
装　　　订：天津千鹤文化传播有限公司
出版发行：电子工业出版社
　　　　　北京市海淀区万寿路 173 信箱　邮编：100036
开　　本：720×1000　1/16　印张：13.75　字数：162 千字
版　　次：2022 年 3 月第 1 版
印　　次：2022 年 3 月第 1 次印刷
定　　价：59.00 元

凡所购买电子工业出版社图书有缺损问题，请向购买书店调换。若书店售缺，请与本社发行部联系，联系及邮购电话：（010）88254888，88258888。

质量投诉请发邮件至 zlts@phei.com.cn，盗版侵权举报请发邮件至 dbqq@phei.com.cn。

本书咨询联系方式：（010）88254210，influence@phei.com.cn，微信号：yingxianglibook。

总　序

从一线酿造的教育蜜糖

我非常高兴地得知本书即将出版，仔细读完书稿，很是惊喜。

童喜喜作为专业的儿童文学作家，她的教育研究生涯比较特殊。从1999年资助一位失学儿童开始，到2009年为"新教育实验"担任义工之后，她一直以不同的方式，和一线教师并肩奋斗。可以说，本书记录的中国教育经验和中国教育故事，是具有深远意义的。

我非常佩服童喜喜，她的悟性之高、写作速度之快，以及她对新事物的发现、掌握和表达，均不是常人能够做到的。

我读过童喜喜的很多儿童文学作品。她的第一部童书《嘭嘭嘭》获奖无数，畅销至今。更令人惊叹的是，十万字的作品，她竟然只用了六天的时间就写了出来。她的"新孩子"系列童书，作为开启非虚构类儿童教育文学的杰作之一，对儿童的成长有着划时代的意义。

我了解童喜喜对新教育研究和推广的贡献。她是新教育的参与者、反思者、引领者。新教育发起人朱永新教授指出，童喜喜的哲学功底、教育悟性、人文素养和文字能力，再加上过人的勤奋，让她脱颖而出。

我知道童喜喜对中国阅读推广做出的贡献，也知道她只身一人在一年时间里深入中国100所乡村学校，免费举行196场讲座的壮举。

还记得2017年10月的一天，童喜喜向我介绍说写课程的研究，提出"读写之间说为桥"，以"说"打通读和写，把写作的复杂过程跟思维的运转过程联系起来。我当时特别兴奋，告诉她这个主意非常好。从"说"的角度深入研究写作教育，确实是一个非常好的创意。

童喜喜不仅做了，而且从学校教学、家庭教育等不同层面开展，就在这套作品中把不同人群的说写技巧提炼了出来，其中"创造奇迹的说写革命"是针对学生的说写训练，"教师喜阅说写技巧"是针对教师的说写技能提升，"家庭说写八讲"是针对父母的操作指导。她把这套思维训练的说写课程从学校扩展到家庭，并且与家庭教育结合起来。这种做法真是太棒了！

这套作品涉及的主题非常广泛，形式也非常丰富，既有诗歌，又有散文，既有演讲，又有很多教育论文和操作性、指导性很强的手册等。书中主要关注的三点内容，既是中国教育的重要问题，是中国教育改革重视的三个方面，也是世界各国教育当下面临的难题，是全球教育改革最需要做的三件事。

第一是教师的专业发展。教育改革的主力军是教师。教师成长的核心问题是教师的专业发展，因此，我们需要不断为其提供动力，使其提升能力。童喜喜思考和写作的这一点，也是世界各国重视学习中国的一个热点。特别是中国在国际学生评估项目（PISA）评比中取得优秀成绩之后，很多国家把这样的好成绩归功于中国教师的能力和中国教师在专业发展上的贡献。童喜喜连续十年捐赠稿费，为一线教师开展公益项目，帮助数千位一线教师成长，其做法令人敬佩，经验值得借鉴。

第二是新世纪的家庭教育。中国历来重视家庭教育，父母对孩子有着很高的期望，在家庭的亲子关系、教育投入上有着优良传统。这些对世界各国的教育都很有启发意义。进入信息时代，家庭教育有哪些重要变化？又有哪些新的方法？童喜喜对这方面的解读，也是一个重要的贡献。可以看出童喜喜所进行的努力，把中国传统的家庭教育提升到了一个新高度。

第三是学生的学习与成长。学生的学习问题在很大程度上是学科阅读的问题，学生的发展问题在很大程度上是写作的问题。阅读和写作问题，是世界各国的学生都面临的最重要、最困难的问题之一。童喜喜不仅把阅读和写作视为研究的重心，而且对其有很深的理解，并给出了很好的建议。其中，"童喜喜说写课程"对写作和阅读的探索，即便在美国的同类研究中也没有多少文献记载、没有多少经验分享。从世界范围来看，她的研究具有很强的引领性、创新性和指导意义。

这些年来，我听许多教师讲过，他们特别喜欢读童喜喜的书，喜欢听童喜喜演讲。我也有同感。这套作品再一次给了我这种感受，主要有以下四个特点。

第一，内容具有很广的适用性。

内容能够满足读者的需求，大家爱读、大家想读、大家要读，这是对一本好书最基本的要求。作为一套书，当然更应该如此。

我在中国读完大学，又在美国的大学执教三十多年，无论中国还是美国，有一件事让我深有感触。一直以来，特别是进入信息时代之后，书很多，文章更多，但并不是所有的书或文章都能吸引人们去读。国外真正有价值的教育著作也不多，从概念到概念的文章和图书，只是抄来抄去，增加文字垃圾，对教育现状没有积极作用。

尤其在当今的教育领域，从世界范围来看，理论和实践之间普遍存在着巨大鸿沟。有些教育理论，看上去挺好，但高高在上，难以深入实际，读者本就不多，更难落实到一线教育中。一线教师往往认为这些教育理论艰深难懂，无法应用，教师的专业发展因此受到限制，新的研究成果很难应用到一线教学工作中。近些年，有观点提倡一线教师从事研究与写作，但受到客观条件限制，这一做法存在很多困难。出版教育专著的一线实践者不多，他们的写作水平通常也不太高。因此，实践工作者够不上理论工作者的理论高度，理论工作者难以切入实践工作者的工作实践。在教育中本应密切配合的双方很难沟通，这是全世界普遍存在的现象。

只有好的教育作品，才能填补专家与一线实践者之间的巨大鸿沟。童喜喜正是做出了这样的努力，她的作品确实填补了这个鸿沟。

童喜喜作为深入一线的专业教育研究者，特别懂得一线教师需要什么。她能够迅速把高深的教育理论深入浅出地表达出来，能够把自己专业研究的知识贡献出来，把理论转换为专业技能性的指导，转化为教育方法，从而真正满足读者的需求。对于能够真正提高实战技能和专业素养的作品，广大一线教师是有很大需求的，而这套作品能够充分满足这些需求。

第二，叙事具有很深的启发性。

一本好书，应该具有启发性，能让读者有感想、有思考、有共鸣，甚至觉得感同身受。这不是每个作者都能做到的，尤其是教育作品，能够让读者感同身受的不多。但我相信，童喜喜的这套教育文集能够取得这样的效果。

纵观童喜喜的这套教育文集，其使用的表现手法就是叙事。童喜喜用自己非常拿手的讲故事、深度描述等方式，来进行教育的叙事研究。可以说，本套作品是进行叙事研究的教育成果。

叙事研究是目前世界上正在大力提倡的教育研究方法。它把事件放在一个大背景下，观察事件、表达事件、反思事件、揭示事件，在所叙述的原有体验或原先研究的基础上，深入阐释，揭示事件背后的深刻意义，进一步总结归纳出理论或操作方法。

童喜喜的《智慧行动创造教育幸福》一书，就把新教育的十大行动，通过叙事手法，研究、分析、解释得非常到位，把十大行动真正落到实处，并对其进行了条理化、系统化、可操作化的梳理与总结。她做得非常深、非常细，也非常务实，给出了非常方便的抓手。我当时就说，这是十大行动的2.0版本，是十大行动指南。这也是这本书取得非常好的销售成绩并且获奖的原因。

童喜喜的这些著作，对叙事的手法运用得非常好。这些书里的叙事，几乎都可以作为我们教师在专业发展中学习叙事研究的一个范本。因此，从这套书中，读者可以学到很多。

童喜喜所做的教育叙事研究是非常难能可贵的。她做的很多工作填补了许多教育研究的空白，也弥补了许多教育著作因为从概念到概念、从理论到理论，从而少有人问津的缺憾。她把高高在上的理论与一线教育的实际联系起来，让叙事研究深入浅出，把教育文章写得喜闻乐见，让教学方法变得清晰简洁，让一线教育工作者喜欢阅读、乐于实践，这就是这套作品对教育的杰出贡献。

第三，理论具有很强的深刻性。

有深度的作品才能耐人回味，激发人们进行深度思考，而深度思考当然离不开理论。

来自国外的理论概念，一般来说只有经过本土化改造，具有中国的文化背景，结合中国的教育实践，才能真正对现实有所激发，才能真正具有深刻性。我们可以从童喜喜的文章里看到，对于一些理论，她并不是进行大段深奥的论述，而是用很通俗的语言来表达。

例如，童喜喜提出"同心圆"理论。

她在家庭教育中，运用了这个概念，来描述儿童与世界的关系：同心圆的中心是儿童。在儿童中心的周围，是家庭，是教育，是工作，是文化……这些外部的环境，一圈一圈地扩展出去。

她在新教育十大行动中，也用到这一概念。这时，是以行动为中心的，到教室，到学校，到区域……这些行动的范围，也是一圈一圈地扩大。

童喜喜告诉我，图示应该直观反映思想理念，如马斯洛的需求层次理论以同心圈表达比阶梯式表达更好，我认为很有道理。童喜喜的同心圈理论，用文学化的语言描述理论，实际上是用同心圈的概念来讲人与世界的关系。

换一种纯粹理论的语言来说，同心圈所说的就是生态学理论：从心理学的角度来说，就是心理生态学，也就是环境影响在孩子成长发育过程中所起的作用；从教育学的角度来说，就是教育生态学。如今国际上教育学者普遍认为，教育要做好，必须从家庭到学校，一层一层地往外扩展。

又如，我在《新父母孕育新世界》一书中，看到童喜喜提出了一个很好的概念——"元家庭"。

元家庭这个概念的核心，是讲如何通过叙事手段进行记录，把家风、家教、家训、家庭精神在代际之间进行延续和发扬。如果用纯粹的理论语言来描述，实际上就是社会资本与文化资本的理论。社会资本与文化资本的理论，正是研究这些社会关系，特别是家庭关系，怎么通过文化传承，来做到代际传承的。

本套作品提出的理论有着深刻的理论背景。童喜喜提出的概念十分深刻，又是深深扎根在中国的基础上提炼而成的，因此，这些土生土长的概念能够促使人们深思，鼓舞人们行动。

第四，语言具有很强的感染性。

好的语言是跨越理论与实践鸿沟的桥梁。特别是从交流的角度来说，一定要有好的语言，才能更好地描述和解读，使人们能够准确理解作者的思考。

童喜喜有一种一般人没有的能力，那就是把很复杂的事情，用很精练、很到位、很传神的语言传递给教师、传递给父母、传递给孩子，能把深奥的道理说得通俗易懂。这不是一般的教育人能做到的，也不是一般的作家擅长的。

童喜喜既有教育人的思想与方法，又有作家的文笔。在语言上的功力成为她的优势，无论书的整体结构、文章的起承转合、标题的凝练传神，还是文字的张弛有度……都非常吸引人。

好的作品一定具有这些特征，而这些特征在童喜喜的书里得到了清晰的体现。因此，我可以非常自信地说，这套作品一定会非常成功。

童喜喜就像一只小蜜蜂，采撷着教育一线的花粉，这套作品是从一线酿造出的教育蜜糖，也是为教育一线酿造的蜜糖。相信在未来，童喜喜会酿造更多蜜糖，给更多人带去更多惊喜，带去新教育的幸福，带去好教育的甜蜜。

美国马萨诸塞大学波士顿分校终身教授、
中国教育三十人论坛成员　严文蕃

目 录

一　心为火种

校长的超越·3
教育养成新时代·7
心为火种·12
为教育插上翅膀·16
实现可能·20
寻找生命的红杉林·24
儿童的幸福·28
乡村教育的希望·32
流萤时光·37
从文学到教育，从我到我们·42
对公益的神化是最可怕的异化·53

二 领读者

阅读促进公平·63

领读者·68

天地一教室·72

理想生于课堂之上·77

教师的多样化阅读·82

师之双翼·86

读与写·93

学习科学强大自我·98

校长魔鬼们的孩子气·102

新父母孕育新世界·115

致一位教育局局长的阅读推广信·120

三 让生命歌唱

生命是教育之本·135

情是德之根·140

勇擎教育评价之剑·149

童书电影课·153

教育如戏·158

让生命歌唱·163

暮省之思・172

新孩子思维・177

说写成就人人・182

后记　校长的另一种称谓・191

附录・195

一 心为火种

每一位优秀的校长,心灵深处都燃烧着不灭之火。

校长的超越

现代好校长,是一个能够用自己的心去触碰他人的心,同时能运用自己的智慧,帮助他人开辟一条从现实迈向理想的道路的人。

现代好校长,能够把自己拥有的所有思想、经历的所有美好、获得的所有乐趣,都通过教育分享给更多的人,并且帮助更多的人去创造新的思想、成就新的美好、产生新的乐趣。

现代好校长,最终所创造出来的教育,与其说是帮助他人重新认识自己所知道的事物,不如说是鼓舞着人们去探索自己不知道的事物。

> **寄致校长·1**
> 学校是一块文明的试验田,毫无疑问,校长就是承包到户的主人。

> **寄致校长·2**
> 人类的诗意栖居,只可能从学校开始。要想使学校适合儿童居住,首先要使学校适合教师居住。

现代好校长,也许会对一切的丑恶都有着切肤之痛,但自己始终满心阳光地不断耕耘。

现代好校长,一定会深切理解个体自由之必要,也会深刻理解个体能力之局限,从而在个体自由的基础上,以制

> **寄语校长·3**
>
> 所谓母校，就是精神的母体。遗憾的是，幼儿园这样一个最能体现精神母体的地方，却被太多成人遗忘。就像所有的青蛙，都会忘记自己曾经是有尾巴的蝌蚪一样。

度和文化促进"群体自律"的形成。

现代好校长，一定是一个热爱工作的人，但是他一定不会以身体健康为代价，来换取工作上的成就。

现代好校长，未必是一个散发艺术气息的人，但一定是一个懂得欣赏艺术的人。他能够用艺术升华生活，用艺术灌溉教育，让教育生活呈现出美的状态。

现代好校长，一定是一个懂得美的人，同时一定能够理解美的多元化，接纳自己并不欣赏的美。

现代好校长，未必是一个博学多识的人，但一定是一个充满好奇心与求知欲，并乐于学习的人。

现代好校长，未必是一个性格外向的人，但一定是一个愿意以不同的方式，和所有人平等交流、真诚探讨的人。

现代好校长，未必是一个勇猛的人，但一定是一个乐于创新的人。他善于通过日新月异的技术手段，实现教育的永恒追求。

现代好校长，未必是一个才思敏捷、灵感泉涌的人，但一定是一个勇于行动并能坚毅前行的人，并且能够在前行的过程中，不断寻找和创造新的发展机遇。

> **寄语校长·4**
>
> 学校的确不是唯一能够孕育人才的地方，但学校确实是一个孕育人才最简便、最有效的地方。

现代好校长，未必是一个具有鲜

> **喜致校长·5**
> 在一所学校里，应该视愚昧为最大的敌人。愚昧，是精神的地狱。

明个性的人，但一定是一个具有独立自我的人。他能够从多元思想中找到心灵的依托，并能以行动努力践行。

现代好校长，未必是一个乐观主义者，但一定是一个真正的行动派。

现代好校长，一定是一个有服务意识的人，但是，校长的服务是帮助众人向更高的目标攀登，而不是屈服于群体的惰性。

现代好校长，一定是一个善于在众人的底线和榜样之间寻找路径的人。他扶助每一个人，立足于自身今天已有的基础，稳步迈向明天。

现代好校长，一定是一个心怀教育理想的人。他能够把理想分解为不同阶段，甚至分拆为不同侧面，然后从容前行。

现代好校长，一定是一个有爱好的人。他通过爱好为自己减压，也通过无关名利的爱好之窗，以更为纯净的眼光地看待世界，重拾赤子之心，为前行提供更丰沛的动力。

现代好校长，未必是一个有创造奇迹的能力的人，但一定是一个相信奇迹的人，学校最终也将因此成为孕育奇迹的沃土。

现代好校长，一定是一个善于打开大门的人——通过打开教室的大门，让学校凝聚为一个整体；通过打开学校的大门，让社会力量共同成就大教育。

> **喜致校长·6**
> 一所美好的学校，就像一眼澎湃的喷泉，总会喷涌出无限的水花。那就是人们创造出来的幸福。

> **喜致校长·7**
>
> 一所好学校,应该以谁为中心?不同人有不同角色,心中也会有不同答案。在一位校长心中,这个中心无论是学生、教师或是家长,都可以创造出不同的教育特色,最终殊途同归——唯独不可以以校长自己为中心。

现代好校长,一定是一个兼顾家庭与事业的人。家庭提供意义,事业锻造价值,两者结合会产生数倍的威力,从而也产生真正的幸福。

现代好校长,一定是一个勤于自我管理的人。所有教育,最有效的是自我教育。所有管理,归根结底都是自我管理。管理者,主人翁也。如果一个人不是管理者、不是主人,却以管理者之智、主人之心关照一群人,关照一片土地,这又何尝不是在心胸上的开阔,在境界上的提升呢?

> **喜致校长·8**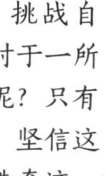
>
> 悦纳自己,相信自己,挑战自己,然后才会成为自己——对于一所学校来说,又何尝不是如此呢?只有悦纳一所学校的优点和缺点,坚信这所学校里的这群人一定能创造奇迹,再运用智慧完成挑战,一位校长才能筑造出自己心中的好学校。

教育养成新时代

如今,与其说"人人谈教育",不如说"人人怨教育"。在越减负、负担越重的困局中,家长怨教师、教师怨学校、学校怨体制……最终形成了一个怪圈。

或许,我们应该把"人人谈教育",改为"人人论教育"。应该把那些对教育如盲人摸象般的讨伐,变为一场严谨认真的全民教育讨论——在基本教育常识框架之内,同怀理想热望,又不乏个体经验的澎湃情感。

从2009年开始,我走进了新教育实验。我心目中的新教育实验,就是这样一种努力吸引人人投入教育的探索。新教育以教师的成长为起点,以敢为天下先的担当,积极推动着教师的生命

> **寄致校长·9**
> 学校创造特色的角度千变万化,总体上有以下几条:时间上的长度——挖掘历史;空间上的广度——跨界拓展;哲学上的深度——探索本质。

> **寄致校长·10**
> 生命的黑暗面,是我们必须面对的。但是强调这些黑暗面,毫无益处。银河系虽有太阳照耀不到的地方,但太阳不会因此拒绝发光。每所学校都有困境,但不能因此停止筑造。

觉醒，发现教育的使命，同时以兼收并蓄之诚心，打开教育之门，广邀天下豪杰，以"营造书香校园""家校合作共育""师生共写随笔""聆听窗外声音"等十大行动，真切地号召更多人的加入。

我从2010年开始参与新教育年度主报告研究。从2014年开始至2019年，每年都由朱永新老师带领来自全国的专家学者，组建若干新教育主报告研究团队，同时开展研究，最后再由朱老师统稿、定稿。除了朱老师，我是唯一一名连续6年深度参与的核心研究成员。6年磨砺，历历在目。在我心目中的新教育年度主报告研究，更是这样一种希望人人能够理解与践行的教育研究：它从新教育发起人朱永新老师数十年积累的高度之上再出发，凝聚着新教育同仁的田野智慧，汲取着国内外专家的思想精粹，几乎每年都会有数十次的修订，是虔诚地打磨锤炼而成的教育专业研究论述。但是，从表述方式上看，它并非理性的教育论文，而是一种既有专业理论高度，又有接地气的可行操作，既言之有物，又通俗易懂的，甚至具有很强的感染力的文章。

由此即可看出，新教育不是一张已绘制好的教育蓝图，而是一个

> **袁致校长·11**
>
> 万事万物，外在千变万化，归结到教育中，都具有相同的规律。所以，再细微的事物，也可能成为一所学校的特色。关键就在于用怎样的角度去欣赏，用怎样的方式去挖掘。

> **袁致校长·12**
>
> 对于一所学校来说，有了特色，就是有了拳头产品，就是有了一张名片。当一所学校很难找到自身特色的时候，校长不妨从自己的爱好着手，因为将对爱好的热情释放到工作之中，会产生双倍甚至多倍的力量。

庞大的、开放的、正在建构中的体系。新教育之新,不是不顾现实的焕然一新,更不是吸引眼球的标新立异,而是建立于自身不断更新之下的教育创新,它源于对国家发展、对人类进步的赤子之心。

例如,第十六届新教育年会上推出的主报告《习惯养成第二天性》,它放弃了"素养"这一时下热点新词的表述方式,而以"习惯"这一大众更为耳熟能详的定义,探讨习惯的形成原因、习惯的价值意义,更特别以"每月一事"项目为抓手,引导人们养成一个新习惯、改掉一个坏习惯,用"每月一事"融合学科及整合力量。它通过切实的行动方案,引导人们把诸事琐屑的教育生活,变成让人格不断完善,让生命幸福、完整的美好时光。

曾有专家称赞新教育年度主报告,称其每一年所阐述的主题,常常成为中国教育界当年关注的重要话题。其实,能否被关注并不重要。这一朵每年开放一次的主报告之花,是由勤于耕耘、讷于言辞的新教育人精心培育的,如兰生幽谷,重要的不是被多少人赏玩,而是芬芳了脚下的那片土地。

仓廪实而知礼节,衣食足而知荣

> **喜致校长·13**
>
> 徒有其表是最容易令人厌倦的美好。所以,美的校园和美丽的校园,是两个概念。美的校园必然有着把美丽活出来的校园文化,美丽的校园却只需要漂亮物品的堆砌。

> **喜致校长·14**
>
> 真正的学校特色,绝不是博物馆式的。只有师生围绕自身特色共同创造的作品,才能成为一所学校真正的特色。特色会成为学校鲜活的、生动的、汩汩流淌的血液,让学校散发出勃勃生机。

> **喜致校长·15**
>
> 本能和智慧是一对兄弟，但两者的区别有时会很大。对于校长而言，如何区分自己的本能和智慧，本身就是一件特别值得慎重对待的事情。因为个体和群体的工作差异，导致个体的本能往往会成为群体的敌人，也就会成为失败的根源。

辱。从物质丰富到精神丰盈，这是人类进程的必然选择。对于个体而言，习惯会在家庭之中一代又一代地延续。对于群体而言，习惯会在社会之中彼此感染，最终成为习俗。

习惯、习俗不是法律，不是通过强制手段形成的。也正因如此，习惯、习俗一旦形成，这隐形的力量就具有特别强大的生命力。尊重习惯、习俗的稳固基础，以合约的方式逐渐调整，在反复博弈中，必然会产生制度的演变。这是一个温和而正向的循环。

虽然这样的养成，是以教育之力对个体施加，从而逐渐改变群体的。但是，在一个开放的世界中，这种"培养而成"的方式，必然会在渐变中吐故纳新，最终创造新的时代。

或许，新时代正是需要新方式才能形成吧？这样"养成"的新时代，会让人类摒弃"各为其主"的偏执，远离"皇帝轮流坐"的戾气，不分国家民族，人类整体都将因此共同赢得良性发展。

在很多年以前，我曾经写过一段很长的话。这些年里，它一直在我的

> **喜致校长·16**
>
> 在一所学校里，创建各种社团、举办各种活动，让大孩子和小孩子一起参与，就可以让学校教育更有生机、更为有效，如果组织得力，甚至会有助于缓解师资不足的问题。

心中悄悄回响——

仅仅一时、一方,纵有好的想法,行动时也常会彼此掣肘。肉体的脆弱、生命的短暂,往往催生出人类个体的急躁、群体的狭隘。甚至在极端情况下毁灭一群又一群人、一代又一代人的精神世界。但是我们更应该坚信,正确的思想通过长期的坚持,一定能被人们认可并成为共识。人们的共识通过不断的行动,养成行为的习惯,最后会将理想变成现实。如此,人类这艘大船,终将抵达光明的彼岸——那,就是我们以教育之名亲手创造的未来。

> **喜致校长·17**
>
> 一所学校,当然需要一些昂贵的装饰,这也是学校综合实力的象征。但在学校里,更重要的是充满活力的装饰:师生创作的作品。这些作品,不仅代表了蓬勃的创造力,更代表了鲜活的生命。也只有这样的装饰,才能更快、更多地激发所有人的主人翁意识。

> **喜致校长·18**
>
> 对于校长而言,书籍和行动一个是种子,另一个是土壤。当书籍是种子的时候,必须要在行动的土壤中,才能结出果实。当行动是种子的时候,必须要在书籍中才能孕育出果实,两者相辅相成,缺一不可。校长的使命,就是把书籍和行动结合起来。

心为火种

生命,总在天空与大地之间;生活,总在理想与现实之间。

我们追寻着,或许已是满心疲惫地在坚持与放弃间挣扎;我们相信着,或许已然忧心忡忡地在叩问与麻木间犹豫;我们行动着,或许已经伤痕累累地在前行与退缩间徘徊。可是,每一位教育工作者,都必须坚信——心为火种。

只要人还活着,心脏就不会停止跳动,生命的火光就不会熄灭。

当然,在现实环境中,几乎不存在完全燃烧的情况。这导致了所有的心灵之火一旦燃烧就会留下灰烬。恰恰是燃烧留下的灰烬,阻碍着下一次的燃烧。

所以,每看见一颗冷漠的心,我们都可以揣测,在那冷漠的背后,有过怎

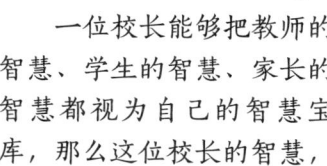

> **喜致校长·19**
> 一位校长能够把教师的智慧、学生的智慧、家长的智慧都视为自己的智慧宝库,那么这位校长的智慧,就可以是无穷无尽的。

> **喜致校长·20**
> 遵守常规,让一位校长站得更稳;打破常规,让一位校长走得更远、更快。如何调整两者之间的比例,则是一位校长智慧的体现。

样的燃烧。

我们更可以试想：如果能够拨开那重重灰烬，我们重新看见的将是一颗跳动的火热的心。

教育，就是在尘世中拨开灰烬，重现光明的工作。

教育工作者，无论教师还是家长，无论管理者还是执行者，只有相信灰烬之下必有火种，才能在无穷无尽的挫折、困顿之中，看见希望之火、信念之光。

虽同样高举理想主义的大旗，但在细分之下仍有诸多不同。

教育工作者不能是脆弱的理想主义者。因为，心灵之火，是如此微弱。它甚至难以点亮自己，更遑论照亮他人。一个脆弱的理想主义者，无法从微弱中眺望坚持的力量，自然也就无法创造未来。

教育工作者也不能是执拗的理想主义者。一个执拗的理想主义者必然是痛苦的，因为人类从未彻底拥有过理想。一个执拗的理想主义者，不懂绕开现实的铜墙铁壁，就必然会在冲撞中头破血流，最终因为自身损耗过大，

喜致校长·21

在现实里开辟一条道路是艰难的，带领一群人去开辟一条道路则更加艰难。对于校长而言，勇气和智慧才是腾飞的双翼。没有勇气的智慧，最终会让校长与目的地南辕北辙。没有智慧的勇气，只会让校长倒在中途，甚至成为后来者恐惧的对象。

喜致校长·22

礼貌，是小孩子都知道的事情。但对于一位校长而言，如果能够抓住礼貌这一点，并将其应用在自己的身上，那么他将比所有的智慧、所有的知识，发挥出更为直接的作用。它就像是一个影子，会让后续的知识、智慧，产生极其巨大的效果。

> **寄致校长·23**
>
> 教育每天面对的是鲜活的人和随机的问题，因此，教育重在防患于未然，而不是秋后算账。校长是警卫，而不是法官，校长的智慧，通常不会表现为下一次怎么做，而会表现在这一次我们应该如何准备。

而无法拥有未来。

一位柔韧的理想主义者，会将暴风骤雨般的澎湃，化为润物细无声的渐进和坚持。

一位行动的理想主义者，会从知行合一的努力中创造未来。

一位现实的理想主义者，会立足于现实，致力于在现实和理想中找到结合点。

不同的理想主义者，有着追寻理想的不同路径。无论如何，现实和理想对立而共生，并不矛盾。没有理想的现实只是一团烂泥，不能在现实泥泞里扎根的理想也都只是空想。只要躬身于行动，一个真正的理想主义者一定是幸福的，因为理想之光必然照亮任何现实之路。

我们正是为此呼唤并汇聚着，帮助理想主义者增添几分现实之力，深深扎根现实；帮助现实主义者重见理想之光，暖暖照亮前路。

理想之光，就是那拨开心灵燃烧的灰烬之后的火光。

人类仰望星空，却孤独地站立在茫茫大地之上。所有不愿跪倒的人，肩头自然承受着比别人更大的压力。

> **寄致校长·24**
>
> 任何人都会犯错。遭遇挫折的校长更容易犯错。其实每个人都能理解这一点，因此最重要的是，校长是否能够真诚地面对错误，并积极承担责任，迅速改正错误。如果是的话他就已经是一位不错的校长了。

孤独太久，沉默太久，仅仅为了活着而奔波太久，会让人们逐渐忘却：每个生命的诞生，本来就都是一个奇迹、一场胜利。每个人的存在，本应自有价值。每个人正在度过的，都是自己唯一的人生。每个人的今天，都是自己余生最年轻的一天。

> **喜致校长·25**
> 一位校长可以在心中对接下来的事情做出最坏的打算。但在语言上，要永远对其他人说出最好的期待。这是一位领导者必须具备的担当。这样的语言就像一片云彩，表面上看似乎没有什么分量，但它可以挡住暴雨，也可以遮住烈日。

倘若你心为火种，此刻何不倾情燃烧？生命的光芒来源于每个人的内心。

因此，无论教师、家长，还是学生，当他们以文字记录自己的生命，就不仅是记录自己的故事，而是书写一段燃烧的历程，给他人以生命的温暖。

心为火种，生生不息。点亮自己，照亮他人。

> **喜致校长·26**
> 当校长不以好坏评价教师，而是用智慧和无知评价教师时，他就会发现自己的心情舒畅很多。因为，当校长发现所谓的坏老师其实未必坏，只是因为在教育教学上的无知，做出了坏事，他就会感觉一切还有希望。

为教育插上翅膀

想象力是人类独有的翅膀。因为有了想象力，人挣脱了现实的束缚，从此以精神超越肉体的存在，以明天超越今天的存在，一代又一代、一步又一步地向前。

教育的本质，正是为了给人类插上翅膀。因此，激发想象力的教育，本应是教育生活中的常态，本应是日常教学之中不可或缺的一部分。

可是，总有一些莫名的力量，让原本在天空飞翔的那部分，零落在风中颤抖；让原本在大地上行走的那部分，沦落到泥泞中挣扎。

更可怕的是，还会有丑恶的言行，以教育之名，成为一种最有效的武器，迅速剪除想象力的翅膀。当我们从童年中抬起头，就能看见

> **寄致校长·27**
> 一位足够智慧的校长，可以和任何人保持友好关系，却不会和任何人保持友谊。友好和友谊，前者是礼貌，后者是精神。

> **寄致校长·28**
> 对于一位校长而言，所有的幸运都只是起点，所有的幸运都只是一粒种子，只有在土地上劳作、耕耘，才能够收获果实。

无数颗失去翅膀的心灵坠入凡间。

所幸，就在我们的身边，就在我们的生活之中，还有一种人，是有翅膀的人。

有的教育管理者，是有翅膀的人。无论他们是校长、局长或任其他职务，他们自身作为制度中的一个枢纽，总能够成为新制度的设计者、旧制度的改良者。他们创造性地诠释着制度，让简短的白纸黑字，映射出人性的需求，激发出更多人的潜能。

有的教师，是有翅膀的人。同样身处新时代的压力之下，这些教师不仅仅像老母鸡一样伸出羽翼呵护学生，更像老鹰一样搏击长空，率先垂范，在现实与梦想之间，为学生展现精神之翼的力量，带领着学生身在教室，心已高飞。

有的家长，也是有翅膀的人。一方是骨肉至亲的孩子，另一方是神秘莫测的未来，它们难免会让大多数家长感到焦虑。可是，有翅膀的家长，能够以双翼拨开乌云，能够以羽毛折射阳光，能够创造一个无所不能的心灵小环境，能够以生命为孩子、为其他家长树立起榜样。

孩子更是有翅膀的人。所有

> **寄致校长·29**
> 忠诚的友谊来自两方面，一方面是人，另一方面是书。一位校长对这两方面的友谊持有同样的渴望，因为一位良友等于无数本好书，一本好书等于一个深刻的人。

> **寄致校长·30**
> 突发情况和极端情况是对一位校长真正的考验，只有经受住这种考验才会赢得真正的智慧。但突发情况和极端情况，其实都蕴藏于日常生活之中，一位校长并不需要时刻紧绷，而是需要在日常生活中张弛有度，防患于未然。

> **喜致校长·31**
>
> 人性所渴望的安全感，推动人们追求唯一的真理。多元化时代所面临的现实却使无数的选择并存。一位校长，是否给同伴以安全感，同时给同伴以选择的自由，这将决定这个团队是否足够牢固。

成人都曾经是孩子。所有人在自己的童年时期，都有着与生俱来的翅膀。在人世间行走，如果始终带着羽翼，就会跌跌撞撞，可是仍然有许多人，不愿放弃翅膀。

就像阿丽达·艾丽森教授。她是儿童文学作家，也是儿童文学评论家，更是一个真正的儿童。她像孩子一样，穿梭在中国与美国之间，穿梭在大人和孩子之间，用睿智、纯真、善良，编织了一道永不消逝的彩虹桥。

有翅膀的人，没有性别，没有国界。或许哈佛大学教育学院硕士、在中国支教多次的美国志愿者Devon Wilson先生的纪念，最能表达出一位有翅膀的人给人们带来的感受："很难见到在短时间内就能实实在在地给人以温暖、谦卑和智慧感觉的人。阿丽达有能力分析复杂的文学作品，并通过孩子们易于掌握、喜闻乐见的故事的方式提炼观点和信息。在学术界，她不断成长。走遍世界，她却在科罗拉多州美丽孤寂的自然中找到了平和幽静的家园。我认识阿丽达的时候，她作为一名教育家、冒险家和一位慈爱的母亲，给了我启发和鼓舞。我会怀念她。"

什么能为教育插上翅膀呢？不同人群会有不同的答案。但

> **喜致校长·32**
>
> 善于借用他人时间的校长，往往会事半功倍。借用的时间，能发挥出对方所长，这样的借用就不仅是节约了校长自己的时间，同时也让对方展示了才能。

是，有一个答案是确定的：有翅膀的人，能为教育插上翅膀。

有翅膀的人，从不驻足在我们身旁。他们的心，永远停留在远方。

有翅膀的人，哪怕身在遥远的地方，也和生活在我们身旁一样。因为，他们的心与我们同在。

有翅膀的人，正在带领着教育飞翔。有翅膀的教育，将会带领着人类飞翔。

哪怕在无风的日子里，只要人们鼓动起心灵的翅膀，世界就会变得不一样。

> **喜致校长·33**
>
> 校长的时间被安排得满满当当，这是有害的。只有为自己留下独处时间的校长，才能够真正驾驭整体，掌握全局。一位善于为自己留出空间的校长，不只是能够为当下而努力，还能为未来而思考。

> **喜致校长·34**
>
> 只有伟大的事，没有伟大的人，因为一件大事会凝聚很多人的力量，这件事因承载着大众的幸福，而变得真正伟大。一个能力再强的人，也不可能独自完成一桩大事，他必然需要把自己融入群体之中。所以真正的校长，正是这样一个以平凡身躯做伟大事业的人。

实现可能

人,就是诸多可能的集合体。

人生,被乐观者认为是实现可能的过程,被悲观者认为是放弃可能的过程。

无论悲观者还是乐观者,都必须承认:正因为我们无法掌控外在的一切,所以在实现可能的过程中,教育是我们唯一可以对自己所做的事。

> **喜致校长·35**
> 笑容是最美的语言,对于校长而言更是如此。面对形形色色的人,把笑容作为自己最美好的武器,是一位校长内心足够强大的外在表现。

> **喜致校长·36**
> 经验是校长最宝贵的财富,却也是校长通往卓越道路上的最大的敌人。在信息时代,万物变化之迅速,远超过去所有的时代。在这样的情况之下,唯有胆量和智慧,才是校长可以依靠的伙伴。

一个人如此,一群人也是如此,一个国家更是如此。

在国内,已经有诸多异军突起的教育人,他们创造出被报纸杂志冠名"××现象"的教育成就,这些成就往往会受到有心人士的热切关注。

我们关注这些教育现象，是希望从一个又一个的个体探索记录中，厘清一条思路：面对可能，我们有太多难以实现的理由，那么，在最不利的条件下，仍然可以实现可能的方法是什么？

我们不得不说：是人。

一切成就的缔造者，除了那些我们耳熟能详的领路人，还有更多在台前或幕后忙碌的教育践行者。从一线的普通教师到各级别各部门的教育管理工作者，再到官方的行政支持和民间的行动创新、个体的精神觉醒和群体的群策群力、管理者的考察评价和操作者的智慧践行……这是一份合力，最终使教育在现实困顿中实现突围，闯入开阔的新天地，创造出教育的新现象。

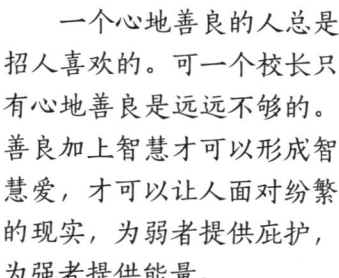

> **喜致校长·37**
>
> 一个心地善良的人总是招人喜欢的。可一个校长只有心地善良是远远不够的。善良加上智慧才可以形成智慧爱，才可以让人面对纷繁的现实，为弱者提供庇护，为强者提供能量。

从个体的人，到群体的人，以有限的生命面对无穷的可能，以现实的境遇面对理想的诱惑，这并不仅仅是教育的困局，更是每一个不甘沉沦的人在一生中的任何时刻都会面临的召唤。

我们可以说，教育的成功的确是无法简单复制的。正因如此，每一个大至新教育实验区、小至新教

> **喜致校长·38**
>
> 真善美之中，"真"排第一位，其实"真"并不意味着"善"，也不意味着"美"，但缺了"真"，"善"和"美"就是伪善和丑陋。一位校长，只要能够做到"真"，就可以巩固好当校长的基础。正所谓心底无私天地宽，真心不怕所有人看见。

育实验者的环境，都有着自身的特色乃至困境，而每一个小成就的背后，也都有着不可或缺的人所迸发出的生命的力量。

在新教育诞生的早期，朱永新作为新教育实验发起人，鲜明地提出"行动，就有收获"。他将行动视为新教育实验的根本，呼吁大家勇于行动，以行动检验所知，更在行动中求知。这一句话，甚至由此成为新教育早期Logo的组成部分。

视野激发渴望，行动锤炼才干，再加上在教育上绝不肯安于现状的灵魂，就能够激发出一线校长、教师的智慧火花，就能够促使他们不断在实践中摸索、在反思中创造，从而不断深化新教育的行动，也不断丰富教育的内涵。

> **寄语校长·39**
> 我们总以为自己距离成功的彼岸非常遥远，一定需要有高超的水性、坚固的船只、充足的给养，才可以到达。其实对于校长而言，成功就在此岸，就在此刻：在学校里的每一张笑脸上，在自己走进校园，感觉心灵柔软而放松的那一刻。

或许，质疑者将永远质疑，行动者也永远行动。

行动者们永远在行动着、收获着、坚持着，一群人托举起一个地区的教育腾飞，也创造出每个人自身的生命奇迹。

我们不用抱怨春的遥不可及。当一朵花开放，就足够带来春的信息。哪怕，那只是雪中的一枝寒梅。一个人要做的，就

> **寄语校长·40**
> 校长的青春，来自精神的昂扬。随着时光的流逝，肉体的生命逐渐衰弱，但灵魂却越来越丰盈，精神也越来越强大。这才是校长的生命的最好状态。

是如同一朵花一般绽放自己。

  我们不用诅咒黑暗。只要有一丝光线照进苍穹，光明就不再是有待实现的可能，而是一种稚嫩的现实，拥有着倔强的生命力。一个人要做的，就是如一只萤火虫一般点亮自己。

  可能，永远蕴藏在现实之中。实现，永远蕴藏于行动之中。

  通过教育努力实现可能，那么，无论现状如何，未来都值得我们期待。

喜致校长·41

阳光之下纵然会有阴影，可那阴影也是在阳光之下。真实和公平是一对双胞胎，尽管彼此不能完全相等，但是也形影不离。校长是真实和公平的化身，虽然他也有缺点，但人们仍然渴望由这样的人带领大家前行。就像阳光下虽有阴影，但人们依旧渴望阳光一样。

喜致校长·42

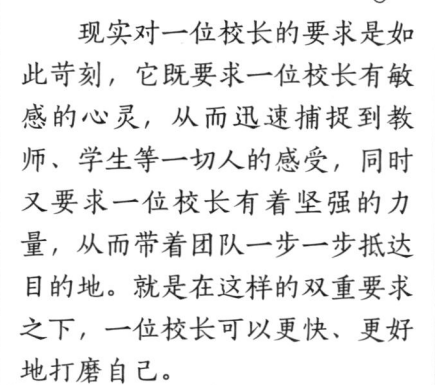

现实对一位校长的要求是如此苛刻，它既要求一位校长有敏感的心灵，从而迅速捕捉到教师、学生等一切人的感受，同时又要求一位校长有着坚强的力量，从而带着团队一步一步抵达目的地。就是在这样的双重要求之下，一位校长可以更快、更好地打磨自己。

寻找生命的红杉林

一个人该如何成长？

说到学生，教师们都会头头是道地谈到许多规律，说到自己，许多教师脱口而出的却是各种理由，或是学习基础差，或是现在年纪大，或是工作任务重，或是家庭事务多，等等，归根结底一句话：我不行。这些自称"我不行"的教师，因为认为自己不行而丧失行动的勇气，当不再行动时，他们就真的不行、越来越不行了。

一个教师该如何成长？

的确，成长受制于环境。外部的各种机遇和内部的自身努力，共同造成了今天的环境。当教师走上工作岗位，基础差、年纪大、工作重、事务

> **喜致校长·43**
> 教育生活中的每一天都是现场直播，任何美好都不会出现预告。校长要有足够的信心，才能够有足够的耐心；校长要能经受得住绝望，才能够最终迎来希望。

> **喜致校长·44**
> 每一件往事都可以成为教育的源泉，每一段经历都可以成为智慧的根基。用心的校长反思自己，有助于自己进一步读懂世界。

> **喜致校长·45**
>
> 校长的真诚不是指一切都实话实说。恰恰相反，很多时候话说得多了，反而毫无作用，甚至适得其反。适度沉默，往往是更为高级的语言，沉默中体现的真诚则需要用行动来表达。

多等不利于成长的因素，都是事实。但"少壮不努力，老大徒伤悲"的古训，虽然是对孩子的警醒励志之语，却不是成人用来放弃成长的理由。

成年人的成长，受环境的影响太大，教师也不例外。寻找到成年人成长的规律，探索出成年人成长的捷径，是至关重要的。

就像北美红杉一样。

北美红杉是浅根型植物，按照常理来说，越高的树需要扎越深的根，否则，木秀于林风必摧之，越高的树就越容易被大风连根拔起。

可北美红杉有一个最大的特点：它们都是并肩生长。一棵又一棵的北美红杉，在地下以各自的树根彼此携手，连结成一张巨大而牢固的网，面积巨大的可达上千顷。再有力的狂风暴雨，也无法掀起整片土地。就在这样的彼此依靠、彼此扶助下，北美红杉成就了自己令人神往的高度：它是世界上最高大的树种，生长非常迅速，成熟后高达60至100米，其挺拔修长高耸入云，是一道令人赞叹的风景。

> **喜致校长·46**
>
> 当一个人感觉身边的万事万物都在向自己说着什么，那么，这个人心里一定有着一种极其强烈的渴望。当一位校长感觉身边的人和事都在对自己说着什么，那么，这位校长心里一定有着一个足够炽热的愿望。因为，人们能够看见和听见的，往往是自己所希望的。

> **喜致校长·47**
>
> 　　每个人都有自己的隐私，每个人都有力图掩藏的东西，所有校长的共同隐私，恐怕就是自己的悲观——作为校长，没有悲观的权力，因为他需要永远照亮全校人的路。

草木如此，人类亦然。对教师而言，找到自己生命中的那片红杉林尤为重要。

在生活中，我们可以看见形形色色的学习共同体。无论现实生活中各类名师工作室的汇聚，还是网络上诸多学习团体的缔造，只要它不是一个虚假的旗号，而是真正的心灵上的汇聚，并且以团队力量促进个体茁壮，那么，教师成长就不再是一个难题，也不再是一种偶然。

职业的特点，要求一位优秀的教师必须兼备广博与精专。这种要求在任何时代、对任何职业都是很难达到的高标准。因此，将每个人专攻一面的精专，通过互相交流，造就人人擅长的广博，这才是学习的捷径。

当下社会大环境为教育带来的诸多压力，往往会集中到一线教育工作者这个出口上。面对烦扰，在心理上彼此的共情与支撑，也是进取的动力。

像北美红杉一样，携手同伴抵挡风雨，以合作取代竞争，从自身的生命拔节中品尝至深的喜悦，才能够成就不凡的精彩。对教师，乃至对所有

> **喜致校长·48**
>
> 　　每位校长的个性各不相同。有的校长更爱独处而不爱热闹。只是，所有的校长都必须要对外呈现出热烈的情感。因为，无论对人，还是对知识，只有热烈才能够成为火焰，才可能点燃其他的人，影响所有的事。

成年人而言，当我们与同伴组成这样的红杉林，就意味着已经创造出了生命最壮美的风光——因为，最便捷的寻找莫过于自己亲手创造。

> **寄致校长·49**
>
> 　　能去陌生的地方发现风景，是一种幸运；能在熟悉的地方发现风景，是一种能力。如果校长有能力在熟悉的地方发现风景，就能够在每一天的教育中享受日常的幸福。

> **寄致校长·50**
>
> 　　校长千万不要忽略了真诚的力量。对校长而言，真诚是避免犯错的最佳方法；对他人而言，无论表达的内容是好是坏，真诚都像一面镜子，能让校长从中看见许多自己无法看见的事物，从而让校长把握更多信息，最大限度地接近真相，并做出正确的判断。

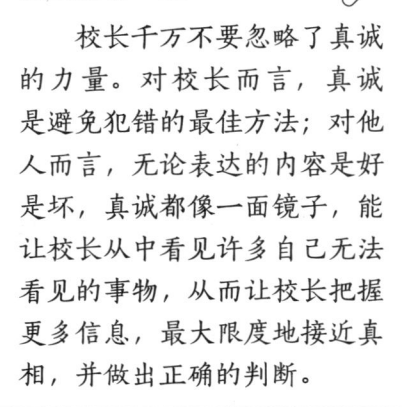

儿童的幸福

有一句话，常常被成人挂在嘴边：现在的孩子，真幸福！

是的，无论衣食住行，还是琴棋书画，大到国、小到家，都在用丰裕乃至富足的生活，迎接着孩子的降临。

可人们常常会忽视：幸福是一种主观的感受。

作为孩子，他们自己感受到幸福了吗？

没有调查就没有发言权。在有关机构针对4～13岁的6887位儿童进行的一次"中国儿童幸福感调查"中，人们发现了许多意料之外的现象。

比如，城市儿童的幸福感明显高于农村儿童，而且，随着儿童年龄的增长，从幼儿园到小学，这种幸福感的差距越来越大。

> **寄致校长·51**
> 校长的个性可以有很多种，每一种个性都可以让你成为好的校长。但有一点是一致的：每一位成熟的校长，必然有着同样平静从容的表情。

> **寄致校长·52**
> 心与心真正相遇时，一言一行，一颦一笑，都是最好的教育——赢得人心，是校长的首要任务。

例如，调查分为家庭关系、师生关系、同伴关系、学习生活四个指标。在家庭、师生、学习三项上，小学生的幸福感都呈现下降的趋势。其中，家庭关系的幸福感是稳中有降，其他两项均为明显下降。

简单来说：越是偏僻地区的儿童，越不幸福；年龄越大的儿童，越不幸福。

> **喜致校长·53**
>
> 如果一位校长越来越感觉自己无知，那么学校一定是在越办越好之中的。校长能够认为自己无知，恰恰说明校长正处于不断学习之中，恰恰说明学校的团队力量正在被激发、被展现。

《儿童权利公约》界定儿童是0～18岁的任何人。2016年中国城镇化率达到57.4%，由此我们可以推测：大部分中国儿童，并不像成人猜测的那么幸福，尤其是13～18岁的少儿，他们的幸福感更低。

不过，在儿童的问题上，有了调查也未必就真正拥有了发言权。面对再科学、再权威的调查，仍然会有无数成人拿出"我都是为了你好"的法宝。这样的成人会众口一词：吃得苦中苦，方为人上人，小时候不够幸福，是为了一生能够幸福。就连名校教授，都为此言之凿凿地宣称："我们小时候也有不少作业，我们小时候还吃不饱饭，有时候还被老师揍两下、骂两句。凭什么教育是快乐的？我实在想不通，教育为什么一定是快乐的？""应试是最基本的素质。"这样的言论，照样应者云集。这些人的初衷不应该被怀疑，他们也一样用心良苦，也一样是为了儿童的幸福。

> **喜致校长·54**
>
> 一位校长要想获得希望，就一定要学会将目光跨越教师和家长，投向学生。学生的笑脸，是希望的源泉。

> **寄致校长·55**
>
> 在一切声音里，自己的声音显然最大；在一切图像里，自己的模样显然最正。校长永远不必担心自己会失去自己。恰恰相反，听得越多，看的越多，最终形成和造就的将是一个更为强大、更为丰富、更为立体的自己。

或许，我们在今天讨论儿童的幸福还为时尚早。无论城市儿童被过多的关爱而填充得无法喘息，还是留守儿童对父母从思念到漠然的双眼，有太多根本性的问题还没有来得及解决。

但是，为了儿童的幸福，我们别无选择。

儿童是人，是独立的生命。儿童不是成人的附属品，童年不是人生的预备期。儿童的幸福的重要性，并不亚于成人的幸福的重要性，儿童的人生，和成人一样都处于正在进行时。

儿童的幸福，是功利属性最微弱的一种精神活动，直指心灵，关乎本质。所以，儿童会从一把泥土、一根铁丝中收获莫大的趣味和幸福。

儿童的幸福，是描绘人生最纯净而温暖的底色。底色就是主色。在积极明净的底色上，再多的黑暗，也只是暂时的停留。所以，幸福的儿童就是父母为自己创造的天使。真正的幸福，必然滋生幸福。也只有真正的幸福，才能滋生更多幸福。

我们不是呼吁人们给予儿童幸福，而是呼吁人们积极协

> **寄致校长·56**
>
> 看什么都习以为常，这就是心灵的麻木。对所有的美好都视而不见，这就是精神的死亡。为自己准备好不同颜色的眼镜，将黑白的世界看出不同色彩，这是一个人，尤其是一位校长需要掌握的调适自己心灵的本领。

助儿童拥有创造幸福的能力。作为儿童，一旦有了对幸福的向往，有了创造幸福的能力，就必然会拥有幸福的人生。

协助儿童创造幸福，从此时此刻开始。

寄致校长·57

无论是否有意甚至愿意，校长就像一个雷达，不断接收外在的信息，并且把信息反馈到周边。校长所接收的一切，无论隐性或显性，都会影响到周边的人。如何对信息去粗取精，对校长是非常重要的。

寄致校长·58

校长的绝大多数辛苦，都不是辛苦，而是"心苦"，因为"心苦"造成了辛苦。强心，对校长特别重要。有一种独特的强心之法，是：放弃对他人的期待，平静地接受所有噩耗；同时要把所有希望寄托于自身，默默耕耘必然会吸引同路人。

乡村教育的希望

在世界历史进程中，以城市化为进步象征的工业文明一度浪潮汹涌。2011年12月，中国城镇人口的比例首次突破50%。乡村教育承担着转型时的各类重压，由此导致的各种现状令人忧心忡忡。

如何破局？

首先当然是人，是教师。讲台前的这个人有多重要？前不久，美国哥伦布州立大学终身教职副教授、科学与数学教育博士方厚彬先生给我讲了他的成长故事。方厚彬幼年就读于安徽农村的一所小学。他性格憨实，上学后各科成绩都一般，数学成绩更是全班倒数。读到小学三年级，他们新换了一位数

> **喜致校长·59**
>
> 老鹰的自由分为两种。一种是展开羽翼，搏击天下；另一种是回归巢穴，抚养后代。校长的自由就属于第二种。

> **喜致校长·60**
>
> 只要活着，希望就永远存在。只要希望存在，校长就不应该表现出悲观。我们可以看见，只要不是企图自杀者，其他再悲观的人在过马路之前，都会左顾右盼躲避往来车辆，这就是悲观的人也能改变自己安危命运的最佳写照。

学老师。那是一位下乡女知青,当其他同伴返城时,她为了爱情最终留在农村。老师对每一个学生都是一样的温和、友善。因为他的数学作业做不好,老师常让他留校写作业。在老师的宿舍里,老师让他写作业,不懂的问题可以随时问,老师就在一旁安安静静地做其他工作……对老师来说,

> **喜致校长·61**
>
> 作为校长,了解自己的短处和了解自己的长处同样重要。因为,能够相遇可能纯粹是缘分,能够相守必然有其原因。校长遭遇的困境各有偶然,但校长能够得到的幸福,一定有其必然。归根结底,无非是发扬优势、回避劣势。

那只是教学生活中最平凡的一幕。可对一个孩子,尤其是对于一个经常受到冷眼和嫌弃的孩子而言,那种平等的慈爱,那种宁静的温暖,是直接注入心灵深处的巨大力量。一年后,那位老师因病不幸离开人世。可就在这短短的一年中获得的力量,彻底改塑了方厚彬的一生。从这一年开始,他的成绩逐年提高,数学成绩更是从来没有差过,他的一生也因此改变。

> **喜致校长·62**
>
> 价值是社会体系中的衡量标准,意义是自我标准下的个人体系。一校之长的价值在于施肥浇水松土,为他人整理出一片肥沃的土地;一校之长的意义在于通过这一过程,在与风雨雷电、毒虫猛兽的搏击中,无限度地修炼与提升。

从一个就读于普通农村小学的数学差生,到获得美国南密西西比大学全额奖学金出国留学,一个孩子的生命之河以不可思议的方式奔涌。这奔涌的根本力量,虽然离不开父母朴素正直的家教,但毫无疑问,河道的转折,源自一位病弱的乡村女数学

> **喜致校长·63**
>
> 弱者的良心是攻,可以激发出最大的力量。强者的良心是守,可以为狂飙突进的行动保驾护航。校长的良心,则决定了攻与守的张弛之道。

教师。

所以,对于当下乡村教育的困境而言,物的投入是其次,最需要投入的是人,是乡村教育工作者。如何让所有优秀教育工作者都乐于前往乡村,哪怕只是短期交流,让部分优秀教育工作者乐于留在乡村,自愿选择扎根,才是乡村教育迫在眉睫的需求。

但我们早已看见,相关部门一直都在出台着各种教育方面的扶持政策,以各种举措招人、留人,只是效果不尽人意。其根本原因,是乡村和城市两种文化在这一历史阶段中的此消彼长。

在城市化进程刚过50%的中国,城市与乡村演变为二元文化,两种文化的冲突与对抗显得特别激烈。当我们把城市视为工业文明的产物,视为进步的象征,乡村作为农耕文明的栖居地,作为母体的乡村文化只能凋落。

以城市的单一纬度审视文化,将与之不符的部分打上落伍的烙印,自然会被弃之如敝屣。所以,我们城市和乡村共用的教材,不是为了探寻城乡之真、挖掘城乡之善、呈现城乡之美,而是片面复制并传播着城市的精神内核。于是所

> **喜致校长·64**
>
> 每一场愤怒的深处,都埋藏着激情的火种。每一个恶人的心中,都住着善良的天使。这是梦吗?哪怕是梦,也是校长必须坚信的白日梦。只有永不绝望,校长才能直面挫折,继续前行。

有人都在逃离乡村，就算没有逃离的人，也在用渴望逃离的心灵和目光打量着乡村，留下的不过是无奈而不甘的困守，而不是对乡村真切的认同。

但是，人类的精神家园，绝不是都市的水泥丛林。早在20世纪五六十年代，曾经工业革命进程最迅猛的欧洲和北美洲就已经出现了大城市停滞、小城市和乡镇兴起的现象，其后又于20世纪80年代进入信息革命。这一时期的美国学者阿尔文·托夫勒提出，继农业阶段、工业阶段之后，以信息化为代表的第三次浪潮已经涌起。今天的我们，已经置身于信息化的洪流之中，可以切身感受到今昔的巨大不同。乡村之优与劣和城市之劣与优，从来没有这样鲜活地被对比着。

> **寄致校长·65**
> 有的校长会沮丧于自己的幼稚。其实，幼稚往往是激情与梦想的乳名。关键不是要消灭幼稚，而是要提高自己的能力，强大到足以保护自己的幼稚。此时人们就会说：唯大英雄能本色也。

> **寄致校长·66**
> 校长必然要比一般教师面临更多的发展难题，经历更多的挑战。校长爱护自己的方法是：向教师敞开大脑，提供智慧；向家长敞开心房，释放善良；向学生敞开灵魂，绽放纯真。

乡村精神将被重新认识，乡村文化将重获尊重，人类将在城市文明的发展中，复兴乡村文明的缺失，在第三次浪潮中再度启航———这不是痴人说梦，而是必然。

我想，那一天，必然是乡村教育的重生之日。那是与城市教育的共生，那是整体教育的新生。在那

寄语校长·67

　　一校之长,最怕突发事件。其实,大伤大痛属于命运,人力无法阻挡;小伤怡情,小痛增智,恰如石子落水溅起水花,平添生机。将所有突发,都视之为必然,心情就会从容许多,甚至开朗许多。

一天到来之前,我们必须坚信:绝望才是乡村真正的死亡。出路,就在脚下。教育的奇妙,正在于能从绝望中孕育出希望。

寄语校长·68

　　作为领导,在生活中结交知己,是艰难的;在工作中拥有知己,更是难上加难。校长所能最为便利地结交到的好友,不是活人,而是那些已逝的杰出人士。通过图书、通过电影,观摩这些人的生活,校长能够从中收获鲜活立体的人生感悟,这是其他任何理论、实战等教育类图书难以提供的滋养。

流萤时光

在浩瀚宇宙之中，地球只是一粒尘埃。在天生万物之中，人类只是一粒尘埃。

我们用"流萤"二字形容生命的匆促，形容无力自主的茫然，实在是再形象不过了。

在时光的洪流之中，有太多人的生命，连流萤都不如。萤火虫在暗夜飞舞，还能为世界留下一道又一道美丽的光影，太多人茫然度过自己的一生，直至归于黄土，仍然无知甚至麻木。

无数文人墨客用美妙的诗句，赞美过萤火虫。从杜甫的"幸因腐草出，敢近太阳飞。未足临书卷，时能点客衣。"到李白的"雨打灯难灭，风吹色更明。若非天上去，定作月边

> **喜致校长·69**
> 所有的难题都是一头猛兽，等待着被猎人驯服。所以，校长仅有善良，是毫无作用的。从来没有靠鲜花打猎的人。

> **喜致校长·70**
> 在学校里，每一个人都只是个人，校长也不例外。但是，在遇到了挫折和困难的教师、学生、家长面前，校长却是对方的整个世界。

> **喜致校长·71**
>
> 校长需要懂一点儿童心理学，这不仅因为校长面对的学生有可能属于这个群体，还因为每一个成人都经历过童年。了解儿童心理学，用以参照教师的人生，对深刻理解教师的过去有着极大帮助，校长也会因此对教师多一份仁厚，在管理上也更容易未雨绸缪。

星。"诗人赞誉万物，因为这赞誉本身就是他们智慧的光芒，世人在欣赏品味这些赞誉的同时，又该如何度过自己的一生呢？

作为人类，我们并不知道，萤火虫会怎么想。但是，科学家已经向我们揭示，萤火虫发光，是因为它在不停地振动翅膀。也就是说，如果一只萤火虫没有振动翅膀，那么，它也就毫无光芒，和一只平庸的虫子没有什么不同。

所谓万物有灵，不仅意味着万物中蕴含着大自然的神奇，更意味着我们面对万物时，能够在碰撞中开启自身的智慧。面对萤火虫这样的生命，我们究竟能够看见什么呢？

振动翅膀，就是行动。行动，是造物主赋予萤火虫的本能，更是人类赋予自身的使命。

在新教育实验，有一个以萤火虫为标志的"新教育萤火虫亲子共读公益项目"。

教育本身就是一件扶弱助困，具有极强公益本色的社会工作。在新教育萤火虫项目中，更是汇聚了来自全国各地的800余位义工。随着团队的扩大，"萤火虫义工"也

> **喜致校长·72**
>
> 校长的勇气，无论来自对师生的责任，还是来自对教育的梦想，都将激发无限的创造——勇气永远是创新的起点。

逐渐发展为项目所属机构——新阅读研究所中的义工的共同称谓。

萤火虫义工，是一个以公益行动和萤火精神践行并推广新教育实验的群体。它包括了社会各界人士，有大人，也有孩子，有教师，更有来自各行各业的家长。

什么是萤火精神呢？大家通常用"点亮自己，照亮他人"这八个字来定义。

如果稍微详细地描述，则可以定义为：

所谓萤火精神，就是腐草为萤，生无所息的自我反省和重生。

所谓萤火精神，就是越是黑暗越显明亮的自我锤炼与担当。

所谓萤火精神，就是尽情飞舞的自得其乐与坚持。

在广袤的大地上，在闪耀的星空里，萤火都只是微光。然而，这点点萤火，是生命之光。生命若在，光芒不熄。

为世界做一件美好的事，就是用行动绽放了一束美丽的光芒。我

> **寄致校长·73**
>
> 作为校长，一定会遇到很多难以预料的困难。无论是否做好战胜困难的准备，校长都一定要表现出足够战胜困难的乐观。上穷碧落下黄泉地寻找解决方案，这个时间，应该只属于漫漫长夜，应该只能由校长个人独享……

> **寄致校长·74**
>
> 人们总是期待一位校长以博学的知识、丰沛的热情、坚毅的品质，带领学校迈向成功。这种理想的校长，只是少数，而且每一位真正具有这些品格的校长，都会认为自己并不具备这些特质。实际可行的要求应该是：坚持求知、张弛有度、勉力前行，这就是一位好校长的品格。

> **喜致校长·75**
>
> 一位校长在现实的泥泞中挣扎越久，就越容易忽视想象的力量。校长如果能够常常想象学校的美好未来，而不是凭借理性去判断这所学校有着怎样的未来，就能从想象之中不断汲取力量。想象的别名是梦想。美梦的学名叫正念。

们每个人都在生命的某些时刻，绽放过这种光芒。

所以，每一个有志于公益的人，都应该认识到：自己就是光芒本身。希望从来只存乎于心。

与此同时，我们每一个人，都是光明的小小种子，为了一个璀璨的未来和一个光明的世界而汇聚、而行动。

世界很大。在某些人眼里，万物有如尘埃，乃至其他人的生命，也有如尘埃。在某些人心中，万物生生不息，自身融入其中有所奉献就是美好。

今天的行动，如果能够让我们自己感到自豪，明天的世界，必将会因为我们的存在而更加美好。

今天和明天之间，从来没有任何天堑。从某种意义上来说，甚至不存在时间。

是的，我想告诉人们：根本不存在时间。时间是人类发明的一种计算方式，也是一种简单的方式。从这个意义而言，也就并不存在未来。当没有出现改变时，经历了再长的时间，我们也不觉得自己抵达

> **喜致校长·76**
>
> 陶行知先生说："从农业文明走到工业文明，自然科学是唯一的桥梁。"那么，从工业文明时代走向信息文明时代，社会科学就是必经的桥梁。当下正是时代转型之际，对校长而言，无论在自我成长中还是在工作管理中，这两者都不可偏废。

了未来。而所有改变一旦成为改变，就是因为已经发生，也就是：现在。什么是现在呢？行动才是现在。行动就是现在。

归根结底，我们完全可以掌握自己的生命。只要我们以自觉自愿的行动，认真地度过每一段时光。

为世间男女的康健与安逸，为芸芸众生的良机与爱意，奋斗不息。做时间的旅行者，向着未来航行。未来是否繁花似锦，源自我们当下的努力。

做一个勇敢的人，做一个好奇的人，做一个坚定的人，翻山越岭，有志者，事竟成。

是的，以萤火虫般的行动，振翅绽放生命的光芒，是每一个人生应该呈现的光彩。以萤火精神去推动教育，帮助更多生命绽放光芒，是每一个教育人应该守卫的意义。

当生命因为光芒而具有了穿越时空的意义，纵然仍如流萤，从此却不再畏惧消逝。

> **喜致校长·77**
> 每一位校长的心中，都应该有一张理想的蓝图。这张蓝图注定是不可实现的，但是，它的作用和地图一样：提醒我们当下的方向是否偏移、时速是否恰当、距离目的地还有多远。否则，烦琐的日常工作，日复一日，极易遮蔽初心。

> **喜致校长·78**
> 最好的教育是自我教育，最好的管理是自我管理。校长是真正的榜样，但未必比得上教师群体中的榜样，因为人们通常会和同类相互比较，从而相互学习。

从文学到教育，从我到我们
——美国之行漫记

题记：

  我很少写出不合格的文章。

  这是一篇不合格的文章。

  标题，几乎概况了我此前的人生。内容，以挂一漏万来形容，都远远不够。

  本文发表于2018年5月14日《中国教育报》读书周刊头版头条，却咏梅编辑写下了"编者按"，介绍了经过——

  "2018哈佛中国教育论坛于4月21日至22日在美国哈佛大学举行，主题为'不忘初心，展望未来'，旨在连接和帮助教育实践者、学者、政策制定者以及各界人士，对国际教育、儿童早期教育、高等教育、农村教育等

> **寄语校长·79**
> 对一位乐观的校长来说，学校里不存在失败。教师和学生们要么取得了成功，要么是走在通往成功的路上。

> **寄语校长·80**
> 理想是一道光，会把心灵照亮。一位拥有理想的校长，可能会因为追寻理想而受挫，但那意味着他已经走出了比别人更远的路。

主题进行探讨。作为第一个走上哈佛中国教育论坛的中国儿童文学作家，童喜喜在闭幕式上发表演讲，讲述了自己多年来进行阅读研究与推广的故事。之后，她走访了美国的乡镇、学校、出版社等地，拜访了作家、学者、编辑、教师、校长等人。本报特约她撰文分享自己的所见所闻、所思所想，以期引发读者的共鸣与思考。"

> **喜致校长·81**
>
> 事实是客观，观点是主观。对成年人来说，通常会因主观影响客观，较少因客观改变主观。因此校长无论自己说话还是收集意见，都要在表述中特别注意把事实和观点区分开来。

此行对我的触动，实在太多，太深，太广。

某些原本抽象得无所谓有、无所谓无的事物，某些原本宏大得摸不到边际的事物，突然之间，似乎因为站在另一个国家的土地上，就有了不同的视角，横看成岭侧成峰，我似乎看到了全新的景象。但是，当我真的想要触摸那些似乎已经亲眼所见的事物时，一切又瞬间消失……

> **喜致校长·82**
>
> 一所学校好不好，可以从很多地方简单地看出来，看一看教师脸上的笑容多不多？看一看学生眼里的光芒亮不亮？走进校园我们就可以看到一切。校长的心，则像一面镜子，静静呈现出这一切。

这种落差，让我深感自己的无知，愚钝，无力。这种痛苦，如影随形，无以言表。

当时，我为此采取的行动，是用更多的教育工作来缓和内心的茫然和孤独。但是，一年后的2019年3月，正在计划重访中国的阿丽达教授突然去世，这让我意识到所有的缓和，都

> **喜致校长·83**
>
> 很多人都说人生就是一所学校。的确，当一位校长真正有了自己的人生哲学，能够把握住自己的人生时，自然而然就能够触类旁通，举一反三，真正把握和引领一所学校。

只是逃避。

世事如刀。一个人，被大于个人的事物雕刻，才能最终成为自己。

4月22日，我应邀参加"哈佛中国教育论坛"，在闭幕式上作了《让世界听见儿童的声音》的分享，讲述了我从1999年以稿费资助一个失学女童开始和教育结缘，从此深陷教育，欲罢不能，然后又进行"童喜喜说写课程"研发，分享见证教育奇迹的故事。发言结尾时我特别强调："我讲述的，不是我的故事，是我们的故事。"

我们，是几十位团队核心研究者、近百位教育管理工作者、2000多位一线教师、十几万名普通家长……我们相信，让孩子发出自己的声音，才会让世界听到更美好的中国声音。黑人说唱，华人说写——这是我们的梦想。

在这一次美国之行中，我又找到了一些新的"我们"。比如，刚从圣地亚哥大学退休的阿丽达（Alida）教授，刚从哈佛大学教育学院毕业的硕士戴伟（Devon），我们仨聚在阿丽达生活的地方——一个居民不足800人

> **喜致校长·84**
>
> 对于生活，我们总能够进行一些选择，在任何艰难的境遇之下，或多或少实现自己的自由。对于教育生活，也是如此。一位校长，能够进行怎样的选择，就能够提供怎样的空间。而这种空间，常常意味着学校发展的可能。

> **寄致校长·85**
>
> 一位校长的办学理念，就是一所学校的教育罗盘。最终所抵达的地方，体现的一定是罗盘指引的方向。无论一位校长是否愿意都是如此，只是时间或长或短，体现得或鲜明或隐晦而已。

的美国小镇上，聊了整整4天。

缘起文学

如果不是因为有了阿丽达，恐怕我不会有这次美国之行。

阿丽达是圣地亚哥大学研究国际儿童文学的教授，2017年11月22日，在国际儿童读物联盟（IBBY）副主席张明舟的推荐下，我和她有了一面之缘。在当晚的闲聊中，我讲了我写作的几本书的故事梗概，张老师负责翻译。当他翻译到以反思南京大屠杀为主题的童书《影之翼》时，现场出现了让我永生难忘的一幕：张老师数次哽咽，不得不中断翻译；阿丽达从开始的热泪盈眶，到用手指悄悄拭泪，再到拿过纸巾毫无顾忌地擦拭泪水……故事讲完，阿丽达轻声反复说："哦，天哪！天哪！这真是一个神奇的夜晚！"

阿丽达是一个外国人，这是我们第一次见面。她作为国际儿童文学研究者对童书见多识广，仅仅听了故事梗概，就如此动容，这深深地震撼了我。我渴望有机会真正了解这个人，拥有这个人的一段时间、一段生命。

> **寄致校长·86**
>
> 一位敢于幻想自己的学校能够如何杰出的校长，本身就是一位有着不凡追求的校长。杜威说过，科学的每一项巨大成就，都是以大胆的幻想为出发点的。对于一所学校而言，每一次出乎意料的腾飞，都是以校长的大胆幻想为原动力的。

一 心为火种

> **寄致校长·87**
>
> 校长的卓越意味着一所学校的卓越，校长追求卓越意味着一所学校会逐渐卓越。无论平民学校还是精英名校，都可以通过追求卓越而不断进步，校长也会在这个过程中将自己变得卓越。

我告诉她："哈佛中国教育论坛有可能邀请我去发言。上一次的邀请被我推掉了，这一次我不会推辞。如果我去美国，就去找您。"

心中怀着一个约定，就像在春天播下一颗种子。后来阿丽达通过朋友再一次找到我，主动表示愿意承担我的作品的翻译工作，我很高兴地同意了，却还是没和她直接联系。我担心我英文不好，万一产生误会，让她以为我为了什么利益与她交往，可就辜负了因为《影之翼》流下的泪水。临行前的几天，我的所有随行人员全部被拒签，我既郁闷又发愁，一度准备取消美国之行。打电话向我信任的两位老师请教之后，我最终还是想到了与阿丽达的约定，这让我下定了决心。

见面之后我才知道，阿丽达不仅是著名的儿童文学研究者，而且很早就是一位知名的儿童文学作家。她创作的第一部童书，以自己大儿子的生活为原型，销售70多万册，稿费后来成为大儿子的大学学费。关于我的作品，她邀请了自己的同事、来自中国的张正生教授进行翻译，她自己再亲自编辑、润色。我对阿丽达说："当你为了《影之翼》

> **寄致校长·88**
>
> 一位校长一旦有了正确的教育理念，那么就算他做出了错误的决定，也只是过程的错误，不会是结果的错误。因为一个人的直觉，必然源于这个人的理念，有了理念作为灯塔，学校这艘航船就不会迷路。

流泪时，我才第一次明白，两个人的灵魂是可以如此亲近的。"

文学是人学，没有国界。童书更是人性光芒的汇聚。为了一场近百年前的屠杀，为了一个孩子的故事，不同国家、不同种族、不同语言、不同年龄的人，流下同样温暖的泪水……人类最终的和平，又怎么可能不会实现呢？！

喜致校长·89

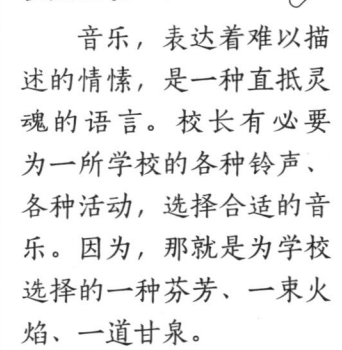

音乐，表达着难以描述的情愫，是一种直抵灵魂的语言。校长有必要为一所学校的各种铃声、各种活动，选择合适的音乐。因为，那就是为学校选择的一种芬芳、一束火焰、一道甘泉。

倾情志愿

我到美国，戴伟负责接机，见到他我就愣了：在微信群里起了中文名字、用中文交流的那个人，竟然是一个满脸大胡子的美国男青年。他告诉我，他曾经参加"美丽中国"公益项目，在云南山村小学支教，当过两年志愿者，后来又得到另外两个项目的支持，多次来到中国。

戴伟对乡村阅读推广非常感兴趣。他告诉我，美国流行一种"Little Free Library"的免费图书漂流，就是在路边架起一个只能放数十本书的小书箱，每个人都可以随意放进一本自己的书，随意拿走

喜致校长·90

真正的校园文化，应该是"活"的文化。校长在进行校园的硬件建设时，需要多留白。在空白处，随时张贴、不断更换师生创作的优秀作品，从而让师生从校园中随处找到自己的影子，激发自己对学校的热爱。

一　心为火种

> **喜致校长·91**
>
> 有人说，校长应该把学校视为孩子。其实，校长也应该把自己视为校园里的孩子——以孩子常有的游戏精神去面对一切，尤其是面对困难，这才是校长应该具备的最佳心态。

一本喜欢的书，以此鼓励大家阅读和交流。他认为，中国乡村应该有大量这样的图书漂流箱。我则认为，中国乡村不能照搬这个做法。阅读在乡村的当务之急，是理念的传播和方法的指导，因此应该从助力乡村教师着手。我谈到我推动8年、服务于教师成长的"新教育种子计划"，和推动7年、服务于家长的"新教育萤火虫亲子共读"，都是从支持教师着手，引导家长，推动阅读，最终取得了不错的效果。

如果在中国建立类似的图书漂流箱，由谁负责更好？架设在哪里最高效？我和戴伟一路上讨论着类似的问题。到达小镇后，戴伟在路边发现了一个这样的小小图书箱，我们一阵欢呼，扑到面前细加观摩……

戴伟最打动我的，不是他的梦想，而是他的迷惘。哈佛的学生毕业后找工作不难，但戴伟想做学术研究，毕业后选择了留校和导师一起做教育项目。从生活方面考虑，这不算长久之计。戴伟的问题是："有一份工作，我投入时间就能赚到不少钱，但那不是我热爱的。我是去做这个工作，先赚一些钱，还是直接做我想做的研究呢？"

> **喜致校长·92**
>
> 哲学家康德推崇外在的星空与内在的道德律。校长的道德律就是学校的校训。校训是校长自我教育之旅的目的地。

这个问题,如同哈姆雷特询问"生存还是毁灭"一样,如此简单,又如此振聋发聩。我说:"当然应该先赚够生活的钱了,然后赶紧收手。"但是,当我进一步了解到,戴伟是犹豫于时间的消耗后,我又改口了:"我告诉你的,是理性和正常的选择。而我自己的行动是——一秒钟都不要耽误,只做自己喜欢做的事,肯定饿不死人的。原本我对哈佛没有任何观感,直到2016年秋的一天,我无意中看见哈佛招生委员会主任说的一段话——'我们正在寻找一个能够将他与其他数千名申请者区别开来的人。我们不需要十全十美的学生,而需要一个有抱负、能够脚踏实地用他的人生来全力完成一件伟大事情的人。'这是哈佛给我留下的第一印象。戴伟,你就是哈佛人。"

> **喜致校长·93**
> 一所学校,最可怕的不是从逆境中奋起,而是在已经得偿所愿的基础之上继续奋进。跌到谷底的逆境,必然触底反弹;已经优秀的学校,百尺竿头更进一步,需要的是不一般的力气。

来到小镇的第二天,戴伟悄悄地度过了他30岁的生日。

人类同梦

阿丽达居住的小镇,雪山环绕,林中小鹿会跑进人们居住的院子里,环境美得近乎幻想。阿丽达的研究也特别关注幻想领域。她给

> **喜致校长·94**
> 到了现代,地理上的故乡的边界越来越模糊,心理上的故乡,更能展现人们内心的渴望。当一位校长致力于把一所学校打造为师生的心灵之乡时,他就会让知识超越学科的范畴,将人心的温暖融合进来。

了我两篇重要的发言稿，一篇是《幻想与梦想：儿童思维的跨学科研究》，一篇是《小学想象力培养的重要性》。她的观点直指当下教育的痛点：想象力的培养对处在人脑快速发育时期的低年级儿童来说尤为重要。在过去的20年里，美国政府进行了许多基于事实性知识的考试，我们的教师也有根据地提出了这种测试存在的严重的局限性。值得庆幸的是，美国的教育观念和态度正在改变，最新运用的教学方法确实是创造性思维教育多于机械性记忆教育。

> **喜致校长·95**
>
> 校长和一所学校之间的关系，就像是一个大人和一个孩子之间的关系。大人需要牵着孩子向前行走，同时又得考虑孩子的实际能力，顾及孩子的步伐。

阿丽达的人生也像幻想小说中的故事——她是犹太人，原来住在俄罗斯，第二次世界大战期间，她的祖辈转道荷兰，坐船到了美国。刚刚到美国时条件非常艰苦，全家人努力工作，勤奋学习，最终过上了幸福的生活。

戴伟说，阿丽达的故事就是典型的美国梦的故事。我也笑嘻嘻地对戴伟和阿丽达说："那么，我的故事，我和伙伴们的故事，就是中国梦的故事啊。"如我此前所期待的，在见到阿丽达之前，我准备了

> **喜致校长·96**
>
> 诗意，是一种艺术的境界，是一种美的境界，正如蔡元培先生倡导的"以美育代宗教"一样，诗意是已经扎根的梦想，是对现实生活的超越，是自主创造的乐观。让校园生活处处充满诗歌，是培育诗意最简单又有效的做法。

新的故事。

比如，安徽省青阳县10岁的王可欣，第一次说写作文时，在十几分钟的时间里没有写出一个字。按照《童喜喜说写手账》丛书训练，坚持70多天后，她说写一篇作文只需要3分钟左右……

> **喜致校长·97**
> 一所好学校就像一道喷泉一样，总是奔涌出喜悦智慧的水花。一位好校长则像喷泉边的音乐声，似乎无影无踪，却又无处不在。

比如，海南的库亚鸽老师新接的一个初一班级，全班一共54人，有27个人语文成绩不及格，十几个人作文交白卷。开展了一个学期的说写课程之后，期末语文考试，满分120分，全班平均分达到92.31分，每个孩子都嫌作文试卷上的格子少……

临别的那一晚，我对阿丽达和戴伟说："其实，美国梦、中国梦，归根结底，可以统称为人类的梦——作为人，我们所渴望的幸福都是一样的。"他俩都表示赞同。

美国小镇上的生活，让我亲身体验到了什么叫幸福。到小镇的第二天上午10:52，我涌出一个非常强烈地念头：我应该再开一门公益网课，题目就叫《教师幸福课》。因为我再一次确定：幸福不仅需要条件，更是一种能力。在物质生活基本有所保障时，精神世界的丰富，决定了我们的生活幸福度。有幸福感的教师，才能培养

> **喜致校长·98**
> 学校不应该成为改造个性的熔炉，而应该成为发展个性的花园。要想做到各美其美，校长的平等意识是基础，学校的评价制度是保障。

喜致校长·99

　　一所学校的特色就是这所学校的品牌。学校的特色，必须通过课程才能真正深度呈现。校长要善于为特色课程组建教师团队：以阅读切入，以技术训练，以文化拓展，以历史深化，以精神扎根，只有这样才能造就品牌的深度。

出有幸福能力的孩子，才能共同创造幸福的未来。

　　幸福必须在日常生活的一粥一饭中得以传播，再浩瀚再广博的爱，也只能在爱一个又一个人中实现。

喜致校长·100

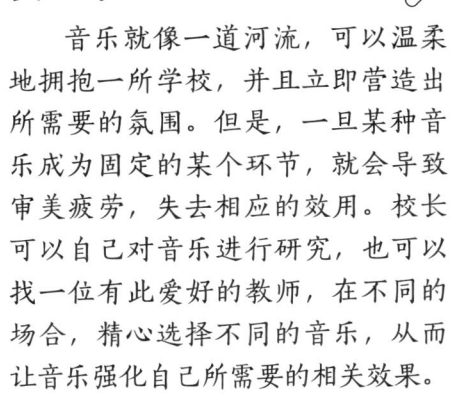

　　音乐就像一道河流，可以温柔地拥抱一所学校，并且立即营造出所需要的氛围。但是，一旦某种音乐成为固定的某个环节，就会导致审美疲劳，失去相应的效用。校长可以自己对音乐进行研究，也可以找一位有此爱好的教师，在不同的场合，精心选择不同的音乐，从而让音乐强化自己所需要的相关效果。

对公益的神化是最可怕的异化

20世纪末，在人类文明的进程中，公益已经逐渐兴起，并且和政府、商业一起成为支撑世界运转的三大力量。公益出现得最晚，自然也最不成熟。在中国，震惊世界的汶川地震，让2008年成为中国的公益元年，也让全社会开始了解公益。

这些年，外界可能会了解到我和团队做了7000多场教育公益活动，数次获得如"中国好教育——助力教育热心公益项目"等奖项。但是大家却不知道，我的公益之路，是典型的信马由缰，想到什么做什么，能做什么做什么。

1999年，我拿一笔稿费资助了一个失学女童，只是因为我偶然看到了报纸上的一则新闻；2005年，我接受当时支教伙伴李

> **喜致校长·101**
> 以智慧的方法推进德育，就是智慧最好的实现。

> **喜致校长·102**
> 没有纪律，学校就没有了高山的稳定。没有自由，学校就没有了流水的灵动。只有将纪律和自由相结合，让高山流水相遇，才能形成良好的教育生态系统。

一 心为火种 / 53

> **喜致校长·103**
>
> 学校，就是一个小的社会，它不是尘世净土，而是光明与黑暗的并存。但是，学校之所以成为学校，就是因为它一直在黑暗之中积极地追寻光明。一所学校在追寻光明的过程中，所创造并体现出的光明，才是教育的本质。

西西的建议，成立了为每一个贫困孩子提供一本课外书的"喜阅会"；2010年，我接受新教育发起人朱永新老师的邀请，启动了长期跟进扶持教育工作者的"新教育种子计划"……直到2011年，免费指导家长的"萤火虫亲子共读"公益项目，才是我主动请缨的第一个行动。直到2017年，专项提升教师说写能力的"喜阅教师公益行动"，才是我确定可以为之行动一生的公益志业——即便如此，在那之后，我也仍然遇到了许多考验。

同时，这一切行动，也在反过来塑造着我。我最深刻的感受是：我们现在的行动，就是在创造我们的未来。我们自己，就是世界本身。

公益，公益，绝不是为了公而益，而是每个人自己的利益。

教育公益，尤其如此。

在台湾，做阅读推广的义工家长非常普遍，他们经年累月坚持走进校园为孩子们讲故事。有一位妈妈在回答自己为什么如此痴迷做义工时，她说："如果我只把自己的孩子教得很好，让他通过阅读得到了很好的教养，却不

> **喜致校长·104**
>
> 学校屹立在昨天与今天之间。它既可以是昨天一切的总结，也可以是明天一切的开始。任何时代、任何环境下，每一位校长都掌握着这个枢纽。校长脚步的走向，决定了一所学校的朝向："不积跬步，无以至千里。"

惠及其他孩子，那就有可能是把羊放到了狼群中。我给别的孩子讲故事，实际上也是为了我自己孩子的安全。"

路与人，互相选择。在道路的起点处，我只是偶然遇到了公益。在公益之路上，经历改塑着我。最刻骨铭心的，莫过于"新孩子"乡村阅读公益行。

> **喜致校长·105**
> 好校长是善于寻找友谊，善于创造友谊的人。在教育之中，这种人与人的相知，本身就是教育必不可少的一部分，它既是陪伴的温暖，也是智慧的源泉。

这是由我策划落实的项目，由著名出版家，二十一世纪出版社原社长张秋林鼎力支持。按计划，我将用一年的时间走进100所乡村学校，为教师和家长免费做100场阅读推广讲座，二十一世纪出版社为每所学校捐赠价值10万元的童书。之后，我带领团队，为学校做3年的免费跟进服务，为校长、教师、家长提供不同层面的线上、线下的各种培训。

> **喜致校长·106**
> 真理和现实花开并蒂，时常会让人混淆。一位能追求教育中的真理的校长，是一位有信仰的校长。一位能尊重教育中的现实的校长，是一位善于生存的校长。只有把两者相结合，才可能在追求理想的道路上勇敢前行，真正抵达彼岸。

计划和行动的落差是巨大的。因为种种原因，我最后用了8个月，走进全国各地的100所乡村学校，总行程几乎相当于绕地球4圈，为共计71940位家长、教师、学生免费进行了196场阅读讲座。

这一路上，有一所学校，在获批成为项目学校之后联系组织活动方说：校长换了，项目不做了；

> **喜致校长·107**
>
> 教育需要践行者，只有行动才能把理论变为生活的果实。教育需要梦想家，只有梦想才能超越现实，引领我们走向明天。好校长总能把两者结合，以行动践行梦想，以梦想引领行动，在日常生活中筑造精神家园。

又有一所学校，由一位教育局局长推荐参加，校方通过教师偷偷告诉我们，他们的校长是轮换制，现任校长再做一年就要调离，因为担心今后跟进做不好被曝光，所以他们决定不参加了；还有一所学校的一位校友向母校的校长推荐了这个活动，校长也拒绝了，理由是——怕遭骗子骗……

正因为建立在这样的基础上，我才格外珍惜所遇到的美好。比如，在四川省古蔺县的公益行结束后，我看到一位教师写的一篇文章，文章中写到一位老爷爷一直很认真地听完讲座，听到最后，老爷爷哭了，说："这个姑娘说的我都懂，讲得太好了！"

当年看到这篇文章时，我也哭了。几年后的今天，我写到这里，泪水仍然夺眶而出。为什么我的眼里常含泪水？未必是我对这片土地的热爱比别人更深沉，我想，很可能是因为我对事物所做的定义，与其他人不同。

在我心中，所谓阅读推广，是应该让不懂阅读的人们明白阅读的意义，让喜欢阅读的人们掌握阅读的方法。

> **喜致校长·108**
>
> 教育和生活一样，千头万绪，无限繁杂。教育也和人生一样必须有所取舍。一位校长一定要善于寻找突破点，以一个特色引领全校的发展，在专注于这一项特色之中不断深化，从而牵一发动全身，到最后，就一定会收获让自己都感到吃惊的美好。

在我心中，所谓公益项目，是以整体化思考、个体式行动，来创造人生的意义，人人付出，个个受益，从互害变互利。

尤其是教育公益，可以民间、官方互相辐射，乡村、城市交相辉映，并且超越行业的壁垒，从教育界向全社会进行传播。

我深信，公益，会是一个越来越迷人的字眼。

但是，它的迷人，不是因为它高尚、圣洁、伟大、了不起……

公益的迷人之处，恰恰在于它的柔软、温暖，在于它的平实、平易，在于它是从人性自私之根上开出的无私的花儿，是绽放于黑暗淤泥上的莲花。

长期资助并推进新教育的义工生涯，让我更为透彻地了解到，作为群体，类似于新教育实验这样彻底免费的公益模式，其实有着诸多弊端，尤其是造成了新教育专业机构发展的缓慢。但是，即便如此，它所彰显的一种"只为教育而来"的纯粹，却在

喜致校长·109

教育是慢的艺术，校长其实是耐心的产物，很多工作我们并不是用力量去推，而是用耐心去推。在认准方向之后，滴水穿石、锲而不舍、循序渐进，最终一步一步抵达目标。

喜致校长·110

在学校教学研究中，对特殊个案的深入探讨是容易被忽视的重点。这样的探讨，能特别集中体现出各方不同的教育观点，也能特别集中地暴露出社会和家庭的问题、凸显出教师在处理问题过程之中所能起到的作用。这样的真实研讨是解剖麻雀，是对教育理论的活学活用，也是群体智慧最容易闪光的地方，是让教师最容易做到就事论事的教育交流。

> **喜致校长·111**
>
> 弱肉强食是大自然的丛林法则，可是教育却是把弱者培育为强者的过程。校长是带领一群人推进这个过程的领袖，如果没有一个强大的内心，哪怕有再好的技术，又怎么可能实现这样的目标呢？

潜移默化中缔造了新教育共同体的价值观，从而在最大程度上吸引着视教育为理想的人们。在近20年的不断耕耘中，新教育实验的公益模式，已经逐渐凝聚为一种精神上的力量。这种公益导致的精神之力，本身就是一种深刻的教育。

所以，我们最应该警惕的是对公益的神化。

神化就是异化，反而会让正常人远离公益。政府、商业、公益这三大力量，任何一种，都可以改善世界。但是公益的力量最弱，也最需要理解和支持，这是文明发展的自然进程，我们必须要有耐心。

在商业领域被封神的稻盛和夫，以《利他的经营哲学》来概括自己的经营哲学，这不由得让人反思：人类对于公益的定义，是否本身就是错误的？或许，公益不应该是对横向的划分，不应该是政府、商业、公益这三大力量的并列；而应该是纵向的追寻，应该是在任何职业中都存在的一种境界——于公有益。起码对于稻盛和夫那一类的商战奇才而言，这样解释，

> **喜致校长·112**
>
> 信息时代的校长，即使不能成为教育科学的创造者，也必须要成为教育科学的勇敢践行者。只有通过不断地践行，才能在尝试中找到最为合适的教育之路。时代的改变必须通过我们切实地实践，才能为教育摸索出康庄大道。在这样的大道上，成长着一个又一个具有独立个性的人，他们凭借自己独特的创造力，让世界更美好，让自己更幸福。

逻辑才是通的。

因此，政府、商业、公益，只是不同的力量、不同的路径。作为个体，无论我们选择哪一条道路，都无关紧要，最重要的应该是：你，是不是你想成为的自己？

> **喜致校长·113**
>
> 真正的思想不应该是一座城墙，再好的城墙都必然困住自己也封锁住他人。真正的思想应该是一座桥梁，它在脚下是坚固的，同时也通往四面八方。校长拥有怎样的教育思想，就会把人们带往怎样的彼岸。

> **喜致校长·114**
>
> 人类有懒惰的天性。校长也是人，不能违拗自己的天性。所以，校长要学会巧妙运用天性。比如，校长可以通过和学生一起沟通交流，把交流作为一种放松，来满足自己偷懒的天性。只要校长不要在脑海里反复思考如何教育学生，就可以彻底放松自己。他人会认为校长不仅勤奋，而且平易近人；校长自身不仅得到了休息，而且赢得了美誉。这不正是一种两全其美的行为吗？

二 领读者

每一位优秀的校长，都必然是扎根在当地的领读者。

阅读促进公平

工业时代，妨碍公平的是对信息的获取。

信息时代，妨碍公平的是对信息的汲取。

知识大爆炸，已经一再刷新信息产生的速度；网络的出现，则一再改变信息传播的方式。

工业时代，一道又一道鸿沟，阻碍着信息的传播，妨碍着人们便捷而广泛地得到同样的信息。

到了信息时代，当人们通过网络可以让信息极其迅速、相对便利和公平地传播给每个人的时候，却发现了更深层次的问题：面对同样的信息，当事人的知识背景、思维方式，

> **喜致校长·115**
>
> 教育没有信仰不行，有了迷信也不行。如何区分信仰和迷信，是教育智慧的体现。校长是一所学校的首席教师，相信什么？如何行动？这是校长面临的首要问题。

> **喜致校长·116**
>
> 真理仅仅靠传授是不可能被获得的，只有通过运用，才可能被习得。在教育的过程中会不断地出现各种各样的情境，这样的过程锤炼着校长的智慧，同时也检验着校长对于真理的忠诚。

> **喜致校长·117**
>
> 　　一位富有创新精神的校长，总是在痛苦地思考着如何把旧的观念从教师脑海里驱逐出去。其实，如果我们真正把正确的、科学的新观念，不断地在行动之中运用，那么，这本身就是在驱逐旧观念。所以，问题的关键不在于新观念如何驱逐旧观念，而在于新观念是否配有新方法，能够脚踏实地地逐步推进。

甚至是传统习俗、目标信仰等方面的差异，都会直接导致他们在接收信息时发生损耗、扭曲，甚至篡改。

　　正因如此，当下的我们才特别倡导以阅读促进公平。

　　当我们力图以阅读促进公平时，我们所指的阅读，就不再是指对信息粗略地了解和泛泛地浏览，而是指对信息进行科学、有效地建构。这是置身于知识大爆炸的时代背景下，我们对自身存在的反思与自省。正如哲人所说，未经反思的生活，不值得一过。同理，生活随时随地都处于各种信息之中，可以说，没有经过真正阅读的信息，是不值得一提的。

　　尤其在我们这个延续了数千年的古老文明中，"六经注我"还是"我注六经"的争论，一直伴随着我们前行。我们应该如何通过行动，让文明因为我们的存在得到发展？让文化通过我们的生命得到呈

> **喜致校长·118**
>
> 　　教育如同大海，对于水性不好的人而言，需要奋不顾身地拼搏；对于一位弄潮儿而言，只不过是顺流而下或是迎风破浪。问题的关键在于自身所具有的教育素养，是否能够满足基本的教学要求，同时自身是否具有足够的学习热情和方法。能具备这两者的校长，在任何时代任何背景之下都会立于不败之地。

现？一方面，我们当然要依靠国家通过教育，不断对优秀传统文化进行选编与传授。另一方面，作为个体，我们更要强调如何通过不断阅读持续地提升文化素养。在这个需要终身学习的时代里，后者更为重要。只有不停地吐故纳新，才能让美丽过往顺利渡过时光的河流，蓬勃新生，而不是被冲刷殆尽。

> **言致校长·119**
> 诗意栖居的人，需要被科学的光辉照耀着，同时被人文的火焰温暖着。这样的生活，才能够让人真正幸福。教育就在于提供光芒与火焰。优秀的校长就像一轮太阳，能够为身边的人提供这样的光芒与火焰。

阅读促进公平，通常会被定义为促进当下社会的公平。

的确，阅读是教育的主要手段，通过推动阅读来解决现行教育中的诸多问题，是一条捷径。推动了教育公平，社会公平也会从根本上有所推进。

除此之外，阅读与公平之间，还有更多复杂而美好的关联。

> **言致校长·120**
> 人们常说："念念不忘必有回响。"校长心中念念不忘的事，也必然会在现实生活中得到回响。校长越是在灵魂深处与这件事如影随形，他就越是能够在教育生活中迅速看见这个梦想的雏形。

阅读促进公平，包括促进着不同文明之间发展的公平。

各种文明本没有冲突，只是要有欣赏所有文明之美的眼睛。如何让一双眼睛欣赏所有文明之美？阅读显然是必由之径。就像在游泳之中才能真正学会游泳一样，只有阅读各种文明之美，才能培养出欣赏所有文明之美

> **寄致校长·121**
>
> 教育之中的勇气，既体现在突发事件中的舍我其谁，也体现在核心观点上的坚韧与坚持。
>
> 正因为这两者的存在，才让勇气成为教育的一种美德，正因为将这两者相结合，一位校长才能够在现实和理想之中找到自己的出路。

的眼睛，才能为每一种文明的蓬勃发展，创造最好的土壤。

无独有偶，一位来自叙利亚的知识女性瓦法·苏尔丹，2009年在阿拉伯半岛电视台，与伊斯兰教士的辩论中提出过一个观点，曾震撼西方学界："文明之间没有冲突，只有竞争。"2020年的新冠疫情，可谓是对此的最新注脚。在同等背景下竞争，我们才看清了他者与自身。在全球疫情的危机之下，人类才意识到要想抵达幸福的彼岸，还需要走更远的航程。此时的阅读，意味着我们能够主动打开心门，去拥抱广袤的世界；我们通过积极地学习，习得换位思考的本领；我们通过阅读多种文明，更多地了解彼此，达到互相理解，从而为不同文明的发展提供更为肥沃的土壤。

阅读促进公平，归根结底，是促进强者和弱者之间的公平。

大至国家民族，小至孤独个体，皆分强弱。但是，强与弱，只是一个相对的定义。真正的强者，恰恰就在于成功完成挑战，征服"弱"而得以新生。

让阅读变成个体之间的梯

> **寄致校长·122**
>
> 任何职业都存在着幸运。教育中的幸运，对于校长而言意味着要进行研究，从突然降临的幸运中总结出必备的条件，从而在接下去的工作中继续贯彻，耐心地培养幸运的种子，最终让这个长着翅膀的小精灵再一次出现。

子、群体之间的桥梁。让强者通过阅读，走进更大的世界，甚至了解弱者的境遇，从而感恩幸运，回归初心。让弱者通过阅读，提升自我，甚至学习强者的本领，因日益自强而真正自信。

阅读究竟是什么呢？或许，我们可以把阅读视为人类看向光明的目光、走向文明的脚步。在遥远的时光深处，在古老的洞穴里，我们的祖先就是阅读着洞外的阳光、树木，一步步走出了恐惧，迈向了今天。而今天我们阅读世界、强健自身，正是为了以阅读促进公平，创造每一个生命都能绽放的未来。那，才是我们共同的幸福所在。

> **喜致校长·123**
>
> 真正的好教育，必然也必须与沸腾的社会生活紧密相连。所谓保守，是指迈向新生事物的步子慢一点。所谓守旧，是指拒绝把步子迈向新生事物。所以，一个保守的人可能会成为一位很好的校长，但一个守旧的人绝不可能成为一位很好的校长。

> **喜致校长·124**
>
> 在教育之中只有一种成功，那就是让每个人都成为自己。对于校长而言也是如此。作为校长，能够通过教育事务的工作，打磨自己的品性，锤炼自己的意志，从而拥有柔韧的心灵、高超的智慧。懂得创造，也懂得享受，这将是一位校长最大的成功。

领读者

很多词，仅仅顾名思义，却没有联系生活时，就不能被正确地理解。

比如领读者。单从文字上看，这是一个很霸气的词。一个"领"字，描绘出了一番领袖气象。

其实，领读者类似于马拉松比赛中的领跑者。在一些马拉松比赛中，常常有一群人以匀速陪伴运动员向前跑。运动员跟随领跑者，疲惫的身心能够得到激励，错误的速度能够得到矫正，最终超越领跑者，取得更好的成绩。

同理，如果说领跑者在引领，那么，领读者所"领"的，是把大家领往一个正确的方向。领跑者在跑着，希望其他人能够超越自己取得更好的成绩；

> **喜致校长·125**
> 对于校长而言，最难的可能并不是懂得一种正确的教育理论，而是了解学校当下的情况，找到最适合该教育理论之下的那一个方法。

> **喜致校长·126**
> 教育不是攀登顶峰。因为，所有登顶之后，都意味着下坡。教育是积土成山的过程。遵循规律，日复一日的劳作和积累，必然会迎来山林茂盛，树木葱茏。

领读者在读着，希望每个人成为更好的自己、成就自我。

领读者不在于比别人更强，而在于"不领之领"的平等，在于懂得个体所知有限的谦卑。所以，我们会看见，同样是围绕"阅读"这个词，专家有着不同的观点，名师也有着不同的解读。这些观点的碰撞，思维的火花，是人类对同一事物不同角度的认知。不同解读、不同方法，同样精彩。

> **喜致校长·127**
>
> 教育有顶峰吗？如果把考分视为教育的最高追求，它就会有顶峰，也会有深谷。如果把人的幸福视为教育的成就，那么无论眼下多么美好，校长都能带领大家走向更为深切和真切的幸福。幸福的山峰没有顶点，它值得人们无限向往和追寻。

引导不喜欢读书的人逐渐爱上读书，引领热爱读书的人学会独立思考，帮助每个人成长为更好的自己，这就是领读者的精神。在这样的基础上，我们郑重地宣告：改变，从阅读开始。

改变，从阅读开始，是强调当下的我们，需要重视精神生活。

数十年的改革开放造就了中国令世界瞩目的经济发展，我们的物质生活得到了极大改善。"仓廪实而知礼节，衣食足而知荣辱。"当下的中国人还生活在惯性之中，许多人仍然认为是物质影响了自己的幸福。人们并没有从本质上意识到，如今人们的物质生活已经得到了基本保障，精神生活的满足逐渐成为人们幸福指数最

> **喜致校长·128**
>
> 人生和教育一样，看上去十分漫长，但是，关键的转折点其实只有几次。我们一旦抓住这几次转折，就一定能够创造出足够震撼的传奇。

二 领读者

> **喜致校长·129**
> 什么叫困难？对于教育而言，教育价值的大小，正好来自困难程度的高低。

关键的因素。同样是一堆破烂，在富翁眼中是垃圾，在拾荒者眼中是金钱，在艺术家眼中可能会成为伟大的艺术品。面对同样的物质，因为人们的精神追求不同、产生的感受不同，自然就会得到不同程度的满足感、幸福感。

改变，从阅读开始，从强调精神引领人类前行开始。

如果仅仅针对当下而言，我们说"改变从行动开始"可能更为准确。毕竟，每一个行动都在直接地促使当下发生改变。但是，人类之所以能够超越其他物种，在演化过程中获得更大的发展，主要就是因为人类不仅拥有当下，更能通过昨天去创造明天。人类不仅仅靠生理进化改变自身，更能依靠对文明的不断书写、不断传承，让生命超越肉体的短暂，从而一代又一代地耕耘、劳作，逐渐筑造出现在的世界。我们之所以能够拥有现在的世界，不是因为哪一代人的付出，而是因为人类的精神生命超越了自然生命绽放光芒。精神，由此成为创造一切的根本力量。

归根结底，阅读是什么呢？

阅读，就是最基础、最根本、最简单、最有效、最经济的教育啊！教人学会阅读，就是教人掌握教育的利器。助人爱上阅读，就是助人拥有高质量的精神生活。

> **喜致校长·130**
> 教育之路上没有成功，因为任何人都不可能完美，永远需要磨砺；教育之路上没有失败，因为人生没有彩排，哪怕遭遇痛苦也意味着跌宕的精彩。

归根结底,领读者是什么人呢?

领读者,就是在不断进行自我教育之时,不忘扶助他人的人。他们有如萤火,点亮自己,照亮他人。

今天的世界,需要通过领读者,让阅读成为人们点亮精神世界、互相照亮前行的萤火。当我们的身体还在大地上劳作时,我们的精神可以在天空中自由飞翔。

寄致校长·131

同样的教育理念,乃至同样的教育方法,在不同的学校,必然会遇到不同的人群、经历不同的过程、有着不同的境遇。所以,好的教育结果,是正确理念方法下的殊途同归,而所有的校长,都只有一条路可以走——自己的路。

寄致校长·132

认为教育无用,当然是过于悲观,但是认为教育万能,同样是盲目乐观。人们正是在外部和自我、无用和万能之间,用教育不断平衡,从而努力实现自我提升。但是,校长不是普通人,所以教育对于校长而言,就是做好完全无用的准备,去做坚信教育万能的事情。

天地一教室

人们常说：一屋不扫，何以扫天下？

这一句话，其实源自两个朝代的两个典故。

汉朝，父亲的朋友来访，见15岁的陈蕃屋中杂乱无章，问："孺子何不洒扫以待宾客？"陈蕃答："大丈夫处世，当扫除天下，安事一室乎？"胸怀大志的陈蕃其后果然大有作为。因此这句话的本义是赞颂。

清朝，年轻的刘蓉也如此回答类似的问题，其父却批评道："一室之不治，何以天下家国为？"刘蓉惊醒，后来成为文学家。自此，这句话有了引申义：大事也需从点滴小事做起。

教育，正是如此。

> **寄致校长·133**
>
> 信息时代，教育需要糖衣炮弹——糖衣是投其所好，"诱惑"学生自主学习；炮弹是品质卓越，激励学生爆发创造力。

> **寄致校长·134**
>
> 无论丑陋地活着还是美好地死去，都是文学所关注的重大命题，但是，这两者都是教育试图矫正的问题。教育是希望：让人美好地活着，让丑陋尽快地死去。

选择以"天地一教室"作为《教育·读写生活》杂志创刊号的特别专题，谈这一"室"的功夫：一方面，"当扫除天下，安事一室？"另一方面，"一室之不治，何以天下家国为？"为此我们完整推介这一席从教育部的庙堂之高到乡村教室的江湖之远的教育盛宴，让顶层制度建设者与一线具体操作者进行充分互动的思想交流。

> **喜致校长·135**
> 如何在生活之中不断发现美好、提炼美好、传播美好，让美好占据生活的主流，进而激发和引领着人们创造美好，这是教育的要义。当校长在工作中，能够将对美好的发现与对教学的追求并重时，就能事半功倍。

当然，在我心中，这五个字尤其意味深长。

天地一教室，是对办刊方针的定位。在诸多纸媒已被网络狂潮席卷而去之时，本杂志却逆流出现，其力量来自对教育的坚守，来自扶助一线教育人的初心。为此，这本杂志将心怀天地，从宏观视野上拓展，从大处着眼，又心系教室，以教学技艺来建设，从小处着手。

> **喜致校长·136**
> 环境的改变对于一个人产生的影响，出乎每一个理性人的预期。如果校长善于营造氛围，就能从改变软环境入手，让教师们在润物细无声中得到改变。从这个角度来说，学校的校园文化，不仅是学校文化的外显，还是一种隐形而持久的教育。

天地一教室，是对教育本真的回归。教室，堪称学校教育的最小单位，却又是容纳天地之所。对世间万物进行选择、汇编、传授、建构，是教育亘古不变的追寻。但是，知识与生活的割裂，轻则导致生命的浪费，

> **寄致校长·137**
>
> 真正的理念，是已经形成的一种潜意识，看似一句话，其实鲜活得无处不在。真正的理念会贯彻到所有的行动之中；真正的理念会变成不同的方法来应对不同处境下的不同问题；真正的理念也会成为一位教师、一位校长的灵感源泉。真正的理念就像信仰——似乎无迹寻觅，却又无处不在。

重则导致生命因知识而异化。将天地引入教室，让教室面朝生活，敞开门窗，这是教育的应有之义。

天地一教室，是对实验探索的期许。"缔造完美教室"是新教育实验的十大行动之一。教室如何才能完美？天地之间风云突变，生生不息，教室有如中流砥柱，是静的力量。一动一静之间，育动静皆宜之人，能够以静制动、以不变应万变、以教学相长而育出顶天立地之师生、以行动创造未来，这正是诠释"完美"的答案之一。

天地一教室，是对未来教育的回答。互联网正在将人类互联，也正在引发工业革命之后的深刻改变，因工业革命构建的当下教育形态必然会发生重大变革。在未来，学校是否依然存在？它又以怎样的方式存在？这已成为学者们研究的焦点。然而，千变万变，教育的本质不会变。近70年前，画家吴大羽已宣告：人类文明到底出于人类自造，加入吾人前无文化，亦当努力接近光明，无学校亦当自求升华，

> **寄致校长·138**
>
> 简单来说，从本质上感恩内心对外部的反馈，是上一次美好的完美终点、是新一轮美好的全新起点，感恩才能让美好形成正向循环、生生不息。因此，没有感恩的教育不完整，更不会幸福；幸福完整的教育生活，本身既包含着自身的自主奋进，也包含着对外界的无限感恩。

追索人类前向之极义。视天地为教室，时刻学习，必然是人们未来的常态。

天地一教室，是对个体自身的反省。一个完整意义上的人，应是一个同心圆：圆心，是个人，外圈是家庭、教室、民族、国家、人类，最终是天地——宇宙。所以史密斯（Smith）说："万国之上，犹有人类在。"所以庄子说："天人合一。"一个人的内心能够与哪个外圈合一，这个人就会有相应的强大的精神之力。缺少外环的周遭之大，会导致整体之小；缺少圆心的个人之实，则导致整体之空。教育就是助人求实求大。当每个人以自我教育为天命，从而主动学习时，天地间的一切都是教材。天地为教室，能够一生为学生，人生将由此成为一种幸福完整的教育生活。

天地一教室，也是不愿将教育的力量神化。任何神化都是异化，教育亦如此。避谈教育只谈教室，因为教育的力量如此软弱，比不上经济杠杆的刚需；它如此隐性，比不上制度建设的迅疾；它如此单薄，比不上人性本身的神秘……只是，教育是人类唯一能对自身所做的事。人不必胜天，人类却必须承担人类的责任。

天地一教室，更是对价值意义的重新定义。普通琐屑的庸常生

> **寄致校长·139**
> 校长是船长，教师是水手，课程则是缆绳。课程的绳索，凝聚着所有人的力量，牵引着一切，朝向希望。

> **寄致校长·140**
> 如果不能坚持自己的理想，那么活着就成了受害者的游戏——我们被习俗吞噬，逐渐认为一切都是如此理所应当。我们被习俗吐出来，成为习俗的化身，代表习俗去吞噬另外的人。这是教育的反面。

> **喜致校长·141**
>
> 为什么人类感叹生命短促，却不感叹和其他事物相比，人类还如此年轻呢？我们已经活得暮气沉沉。这需要通过教育予以调整。

活，只要也只有注入价值意义，才会立刻显现光芒。这光芒来自个体的内心，很难被外力熄灭。走进教育的6年来，我亲眼见证着数以百计的普通一线教师，甚至是身处恶劣环境中的乡村教师，仅仅因为对教育的一念之变，生命便为之觉醒，他们的整体生活也发生堪称奇迹的改变。天地一教室，正是将教育的神圣与平凡交融，以行动重建生活。

天似穹庐，笼盖四野——天地一教室，我们耕耘其间。

教育变革如此艰难，牵一发需动全身，所以我们需要将目光尽可能投向长远，始终保持乐观。教育创新如此美丽，牵一发即动全身，所以我们需要将力量尽可能倾注于当下并朝向自身，始终坚持务实。

或许，正因如此，教育中的读与写才如此重要。读写我们共同写就的教育生活，因为我们不仅是为了收获的果实，更是为了当下的耕耘而咏唱！

> **喜致校长·142**
>
> 我们总是把教育分为过去、现在与未来。我们也会把教育作为过去、现在、未来的连接。但事实上，一切都发生在当下，教育也只是当下。校长当下的一言一行，就是最生动也是最深刻的教育。同理，当下的完整幸福，就意味着回顾过去，从积极的角度汲取力量、思考未来，从而实现过去、现在、未来同时的完整幸福。

理想生于课堂之上

课堂，是师生的战场。

一个好的战场，就是教师和学生肩并肩地向知识挑战，向未来挑战，最终双方都赢得自我的不断成长。

一个坏的战场，教师和学生则互为敌对的双方——教师想让学生学，学生偏偏不学。在这样的课堂上，教师和学生都很消极，生命沦为被动状态，教学工作也会变得吃力不讨好，甚至会陷入教学越用力、教师越不受欢迎的恶性循环当中。

课堂的重要性，无论怎样强调都不足为过。在时代的迅速变迁中，我们关注课堂时，需要特别关注一些根本性的原则。通过这些原则，把具体

> **喜致校长 · 143**
> 自我教育，不仅是教育的目的，也应该是教育的手段。也就是说：教育不仅应该是帮助人们自我教育，同时，自我教育也是让教育变得高效的一种有力手段。

> **喜致校长 · 144**
> 真正的权威，通常来自内在的力量，来自心灵的力量，来自精神的力量。这种力量就是对他人的影响力。这种影响力比权力要深刻得多。这种影响力本身就是教育的力量。

> **寄致校长·145**
>
> 在山水画中，留白很重要。在教育之中，留白也同样重要。一幅画，有了留白才能产生意境。一颗心，有了留白才能在沉思中反刍，把外界的境遇内化为自身的智慧。

的日常工作与标准反复对照，从而逐步明确应该采用或者发明怎样的方法，才能让课堂鲜活起来，逐渐接近理想。

理想课堂，应该是一个后喻的课堂。

后喻文化时代的知识传授，通常是晚辈向长辈传授，长辈向晚辈学习。所以我们会发现，在今天的课堂上，教师仅仅拥有善良和勤奋已经不够了。后喻的课堂，意味着一个平等的课堂。后喻时代的课堂有一个特别明显的特征：一定要把课堂还给学生。

理想课堂，应该是一个人本的课堂。

以人为本，意味着是以教室里、以课堂上的所有人为本，那么，课堂要以教师为本，也要以学生为本。这里的以人为本应该定义为课堂上的两类人群。如果课堂还有延伸的话，我们甚至可以把这样的一个课堂同时衍生到家庭之中，也就是课堂的课后环节，那么以人为本，其实也意味着以学生和家长为本。

理想课堂，应该是一个生成的课堂。

生成是指在课堂上，教师和学生在不断的对话之中、碰撞之中，激发不同走向的思维，最终百川归

> **寄致校长·146**
>
> 如果说好教师是菩萨的化身，那么，好校长就像如来——在好校长的手下，菩萨低眉，金刚怒目，都是慈悲，都为教育。

海。传统课堂中，课堂如同舞台，教师上课就如导演导一场戏，早已有了规定好的台词脚本。生成的课堂也意味着学生的学习主体地位得到确保，同时，教师的教学主导地位也得到执行。

理想课堂，应该是一个多元的课堂。

> **喜致校长·147**
> 现在的生活由过去的教育决定，现在的教育决定未来的方向。这一点，对于一个人如此，对于一所学校也是如此。如果清楚这一点，校长就会对肩上背负的包袱有着更为从容的心态，也会对脚下所走的路有着更为坚定的步伐。

强调课堂的生成，就意味着内容的多元。生成之中必然会百花齐放，甚至会百家争鸣。只有尊重所有声音，让课堂进行多元的、开放的思维碰撞，才可以让人类所遵循的那些真、善、美通过碰撞，在孩子的心中真正地扎下根来。

理想课堂，应该是一个完整的课堂。

> **喜致校长·148**
> 有时候，做一位好校长，往往比做一位碌碌无为的校长更受煎熬。因为所有的拼搏奋进，都意味着面临困境与挑战。所以，又想当好校长，又想得到幸福，必须牢记：拼搏奋进的生活本身就是最好的教育，教育生活就是由不断的拼搏奋进组成的，以这样的心态处理当下的问题，就不会因为目标而焦虑，而会因为拼搏而自豪。

一方面指的是课前、课中、课后的完整，这让知识传授的过程得到保障；另一方面指的是人员的完整，即在这个课堂上除了学生、教师，还包括在学生背后起到作用的家长等相关人员，他们的力量都会或显性或隐性地体现在课堂之中。最重要的完整指

> **喜致校长·149**
>
> 人生有什么意义呢？从某个角度来说，活着就是意义本身。教育有什么意义呢？从某个角度来说，教育生活就是教育本身。我们既要在心中藏着星辰大海，也要把目光投向脚下的土地，从脚边的小草、野花、蚂蚁之中，体会这一路同行的爱与美。

的是，把一节课堂放在课程的整体、教育的整体、生活的整体、生命的整体、社会的整体，乃至于历史的整体上进行对照、反思、落实。这样的课堂，才能庖丁解牛，游刃有余。

朝向理想，永远会有一段漫长的征途。征途中每一步的偏移，都可能导致我们无法抵达目的地。理想课堂也是如此。在构建理想课堂的过程中，我们需要强调以下几步：

理想课堂的备课，强调多方的充足准备；理想课堂的教学，强调语言的艺术表达；理想课堂的手段，强调方法的与时俱进；理想课堂的内容，强调资源的拓展研讨；理想课堂的思维，强调激发有效的思考；理想课堂的管理，强调自律的无声养成；理想课堂的练习，强调方法的精细指导；理想课堂的补习，强调课后的有效跟进；理想课堂的境界，强调课前参照与课后反思。

总之，理想课堂的目标，应该朝向创造——以完整创造幸福。

课堂是教育发生的主阵地，从某种意义上来说，理想课堂的境界，即为理想教育的境界。第

> **喜致校长·150**
>
> 仅仅顺应天性的教育，不过是推波助澜，并不能取得良好的效果，也不是理想中的教育。真正好的教育，要有阳光一样的力量，促使受教育者像一束向日葵一样，寻觅着阳光的方向，不断拔节。

一重境界为形成基础知识的认知建构，第二重境界为发掘知识的内在魅力，第三重境界为实现知识、生活与生命的共鸣，第四重境界为运用智识知行合一地创造。

理想重在引领现在，行动才能创造未来。教育理想的诞生与成长，都蕴藏在理想课堂的践行之中。

> **喜致校长·151**
>
> 新的教育理念未必正确，新的思潮完全可能只是标新立异。旧的教育理念未必正确，旧的传统完全可能只是故步自封。好的教育，未必就适合所有的人。坏的教育，当然更无从提起。好与坏的标准又在哪里呢？新与旧的区分又在哪里呢？从某种意义上来说，校长就是这一切的把关者，而教师则是这一切的践行者。

> **喜致校长·152**
>
> 在教育中过于爱惜时间，最终往往导致拔苗助长。只有把生活和教育融合起来，真正认识到教育就是我们当下的生活，生活就是一生的教育，我们才能松弛下来。松弛下来，享受人生、享受时光，教育才可以按照正确的节奏，让每个人持续成长。这样的教育，才能成为自我教育，才能让每个人最终成长为向往的自己。

教师的多样化阅读

教师阅读已经成为教育界的一个基本常识。英国小说家毛姆说："阅读是一座随身携带的避难所。"对教师而言，阅读是搭建起教学的脚手架。但是，阅读在教师生活中的推进，却并非易事。我国全民阅读的现状并不理想，作为社会中的一个特殊群体，教师的个人阅读也同样有所局限。因为一线教师直接面对当下教育中的种种问题，他们更能深切地体会到，将阅读经典转化为现实教育的生产力，需要一个漫长的过程。

> **喜致校长·153**
> 自然科学是"杠精"。人文科学是"戏精"。教育每天和经典打交道，想轻松一点，就要换个心态去思考，换双眼睛去观察，也就是每天和不同的"精"打交道。

> **喜致校长·154**
> 好校长是奇迹蓝图的描绘者，好教师是奇迹大厦的建设者。两者都是奇迹的缔造者。

新教育实验认为，教师的专业发展通常有三条路径：专业阅读、专业写作、专业交往。我们倡导教师阅读的多样化，是希望在教师的专业阅读之中，搭建一个合理的台阶，让教师能够从阅读之中首先获得乐趣，其次得到真切的帮助，最后成为不断自我提高的修炼工具。

教师的多样化阅读，一方面是从阅读的内容方面来讲的。

我们倡导多样化，对于欠缺阅读兴趣的教师，我们可以从对网络文章的阅读、转播和推荐开始行动。从非教育的内容，逐渐转化为关于教育的现实内容，再逐渐转化为教育的经典短文，乃至经典名著的节选。

> **寄致校长·155**
>
> 有许多词语，常常让人在不知不觉中陷入圈套，因此，我们需要辨析。比如"先生"一词，有多重含义。例如，为什么"先生"会成为对有文化的女性的敬语呢？这一类追问，本身就是教育。我们所追问的，正是出色的教育内容，追问本身也是出色的教学方法。

同时，对于教育类的专著，我们不仅仅倡导对理论专著的研读，也倡导阅读饱含着教育智慧或教育情怀的不同体裁的作品。例如，针对教师生活现状的文学作品，有正确儿童观、教育观的童书，有知识和趣味的科普读物等，都可以改变教师对教育专业阅读的枯燥印象，让教师从阅读中得到乐趣，从而更容易让他们把阅读转化为一种生活方式。

另一方面，我们强调教师阅读的多样化，当然，也指阅读的形式上的多样化。

从对影视的赏读，到对声音的听读，都是阅读之路上的便利工具。例如，有些教师缺少阅读习

> **寄致校长·156**
>
> 教育是一座桥。没有桥，是不行的；只有桥，也是不可能的。同理，没有教育不行，只有教育就会太狭隘。归根结底，我们是借助于桥抵达自己准备前往的地方，借助于教育实现自己的梦想。

> **喜致校长·157**
>
> 世间所有职业，如果把它作为对自我的打磨，就是修炼，如果把它作为对外界的改善，就是帮助。没有一种职业，可以像教育这样，把二者完全融为一体。这是教育工作者最大的幸运。校长则是在收获幸运之余，呼吁更多人学会享受这种幸运的人。

惯、阅读能力不强时，我们与其让这些教师枯燥无味地啃一本专著，不如请这些教师欣赏一部关于教育的电影。在欣赏之后，对照本校的教育案例，邀请教师全员进行讨论，再结合电影里的方式方法，思考、探讨和制定本校应该践行的举措。这样就能轻松愉快地推进教师阅读。如果大家在欣赏名著改编的电影之后，觉得意犹未尽，还可以购买原著作品或者与电影主题相同的文字作品，加以对照阅读。以此激发教师阅读的兴趣，深化教师对文字和影像的了解，如此一来，就能双管齐下，互相促进，实现多重提升。

在时间碎片化的日常生活中，"听书"也是一种有效的阅读推进之法。只是，无论看影视作品，还是听图书，结束之后务必要组织研讨，结合实际教学工作进行交流，才能取得满意的效果。

总之，我们强调教师阅读的多样化，是在应对时代的需求。我们希望能够把阅读扎根到教师的日常生活之中，让阅读成为教师生活的必需品。

> **喜致校长·158**
>
> 生活即教育，这句话对校长来说，具有特别的意义。如果校长不能规划好学校的整体教育生活，就会被散乱的日常事务逐渐消磨掉自己的教育理想。校长如果可以规划好全学校的整体教育生活，就能够寓教育于生活，以四两拨千斤。

从狭义上来说，阅读是指对文字的理解。语言文字是人类独有的传播智慧的手段。但是，随着科技的发展，无论影像还是声音，汲取知识的渠道早已多样化。因此，当下的我们，应该在具体的阅读推进工作中，真正抓住阅读的本质以及教师阅读的目标，从而更为务实地推进工作。

从某种意义上说，阅读的本质，是通过对外部世界的认识，促进自己独立的思考，最后建构自己更为丰富和完整的思想与技能体系。教师阅读的目标，一言以蔽之：教师应该把正确的理念和理论，通过自己的思考，结合着教学的需求，转化为具有可操作性的教育方法，并将其及时运用。

如果教师能够从阅读中受益，那么他们必然会更乐于把阅读这一工具，教给自己的学生。

以多样化促进教师在专业阅读上的丰富和提高，相信教师能够更轻松地收获更深刻的幸福。

喜致校长·159

校长善于叙事，就会如虎添翼。叙事，简单来说就是讲故事。通过其他方式不能做到的事情，通过叙事往往可以达成。因为在一个好的故事之中，隐藏着校长所希望讲述的道理。更重要的是，一个好的故事，可以吸引人主动进入，变教育为自我教育，不动声色地达到教育的效果。

喜致校长·160

叙事的教育作用，对成年人比对儿童更明显。因为成年人的道理，往往是经过自己的经历提炼得来的，仅仅通过外在规范，只可能约束，几乎不可能从根本上有何调整。但叙事可以让成年人从自己理解的角度进行思考，从而接近理想的教育效果。

师之双翼

很少有教育探索像新教育实验一样，在实验起步阶段即旗帜鲜明地提出"以教师发展为起点"。这不仅是研究的逻辑起点的不同，更重要的是，这一起点从本质上决定了新教育的人本主义取向，从源头杜绝了将人工具化的问题。也正是这一特质，将教师这一职业从现实的日益平庸化中拯救出来，让它重新获得生机。

因此，新教育在发轫之初，已将目光聚焦到教师身上。

2006年第6期的《威海教育》杂志，发表过新教育实验发起人朱永新老师《关于教师专业发展——在"教师专业化高级研修班"上的讲话》

> **喜致校长·161**
>
> 每一个强者，都庆幸自己生活在最好的时代，每一个弱者，都抱怨自己生活在最差的时代。每一位校长以及每一位教育工作者，都是时代的调节器。

> **喜致校长·162**
>
> 校长应该重视自己的办公室，就像重视自己的心情和表情一样。校长办公室的陈设其实是校长内心世界的一种外化，会在无声之中告诉他人很多信息。校长办公室本身就是无声的教育。

一文，其中明确指出：当时教师专业发展的"三种流派、观点或取向，在我们新教育实验中都得到了淋漓尽致的发挥。新教育实验为什么发展得这么快？主要是新教育实验整合好了这三种价值取向，促进了教师的专业化发展。"并详细剖析："第一是专业引领。关键是聆听大师的声音，阅读经典。第二是行动反思……写就意味着思，写的过程就是思的过程。第三是同伴互助……如果你不懂得交流合作，没有团队精神，你就走不远。"

> **喜致校长·163**
>
> 曾国藩说"既往不恋，当下不杂，未来不迎"是幸福之道，教育偏偏是逆向而行：恋既往而传承，杂当下而开拓，迎未来而创造。校长还需要领衔主导这一切。所以，既然注定了步履无法轻盈，就必须提醒自己：务必苦中作乐，才能自得其乐，甚至寓教于乐。

2009年7月的新教育年度主报告《书写教师的生命传奇》，则将三个方面重新表述为：专业阅读、专业写作和专业发展共同体的教师专业发展"三专"模式。

温故而知新。回顾已走过的历程，我们将"以教师发展为起点"中的"教师发展"，突破已有的"教师专业发展"之限，重新定位为"教师成长"，并为此提出：职业认同与专业发展缺一不可，是教师成长的双翼。

职业认同是指对所从事职业进行的积极肯定。基本的职业认同，是遵

> **喜致校长·164**
>
> 所有故事，无论以文字、以声音还是以其他方式传播，都能为我们打开一扇新的窗户，都是一种教育。所以，选择不同的故事，就是选择不同的教育。校长把怎样的故事带到人们面前，就等于把怎样的风景带到人们面前。

守基本的工作规则与行为，符合职业的标准和要求。高度的职业认同，是将职业与人生合而为一，将职业视为天命。

我们通常为中国有着尊师重教的悠久传统而自豪，却往往忽视了，传统力量是集体的外部的力量，职业认同必须来自个体的内心。

所以，当传统遇到当下，教师职业认同的现状并不乐观。一方面，社会外部因为对教育的泛神圣化，对教师的要求也泛道德化，把教育视为不染尘埃的一片净土，把教师拔高为不食人间烟火的超人。另一方面，教育内部则因为对压力的抗拒、对现状的迷惘，往往把教育生活等同为庸常生活的一部分，把教师的职业自视为一种谋生的手段。这种庸常化和淡漠化，导致了大家对教师这一职业在价值意义上的极大消解。

职业认同本身就是一种潜在的力量，是一种根本的力量，是让随波逐流的浮萍扎根的力量。但也是一种容易被人忽视的力量。正如学者朱永新所说："把教育看得过于神圣，会忽视它的平凡，远离它的真实。把教育

> **喜致校长·165**
>
> 对生活的皮毛加以捕捉，就足够打破封闭的教育系统，成就一个像模像样的好教育。如果校长能够捕捉生活的本质，乃至于立足泥泞之上仰望星空、畅想未来，就可以成就伟大的教育。伟大的教育，必然锻造出一群又一群优秀的人，这群人的灵魂，将汇聚为不灭的火。

> **喜致校长·166**
>
> 要想让节假日及其他重要活动真正起到教育的效果，而不是让参与的人们怨声载道，只需要掌握几个简单的原则：淡化竞争，强调分享，轻松展示，互相赞美。

看得过于平凡，又会忘记它的神圣，丢弃它的使命。教育的神圣，寓于平凡之中。我们每一天都在神圣与平凡中行走。"其实，不仅教育，每一种职业都是如此。作为教育工作者的朱永新以教育为天命，如此歌颂教育，作为其他任何职业的人，都能从各自职业的日常事务中发掘其价值，提炼其意义，从而对其产生认同感。真正的职业认同，是意识到职业既平凡又神圣的双重性。

> **喜致校长·167**
>
> 每一个人的身体里，都住着自己曾经接受过的教育，而不是自己接触过的事物。因为，对同样的事物，我们选择用怎样的角度看待，决定了我们将从中汲取怎样的力量。这样的角度、力量，就是教育。我们往往给它一个称呼：自我教育。

因此，教师的职业认同一方面是去神圣化，把教师视为职业的一种，从底线层面确保教师应该遵循的基本行业规则、行业道德，另一方面是从价值意义的层面进行升华，让每一个烦琐的工作点滴，都和"人"紧密相连。

教师的专业发展，则是三条路径：专业阅读、专业写作、专业交往。

专业阅读，即以阅读不断建构与完善自身知识结构，倡导在专业上采用精深式研读方法。专业写作，即不断记录与反思自己的行动，在记录中反思并提高。专业交往，是以人与人之间交互往来的方式，一则实现知识在整体状态下的个性化传播，即知识呈现出的是通过个体生命整合后的状态；一则通过生命的共振，强烈

> **喜致校长·168**
>
> 真正的行动，能决定人生的一切。它是教育得以产生的最大原因，是教育能够成就的最好结果。

> **喜致校长·169**
>
> 校门口的大街，就是身边最鲜活的课程——街上的人，事，物，景，这一切都是宝贵的教学资源，我们只需要用讨论的方式，让教师与学生、学生与学生说起来，甚至吵起来，这样就可以产生深刻的教育。校长需要做的，是价值观的把握和引领。

地实现知识对精神生命的重塑。

专业共同体，是一个关于集体的概念，体现的是一个人融入一群人之中。专业交往，是关于个人的概念，体现的是以个人为圆心向外扩散，不断汲取各种养分促使自己成长。专业交往是张荣伟教授特别倡导的一个理念，也有学者从取向上把教师的专业交往归纳为理智、实践反思和生态三种。其实，从另一个角度来说，专业交往就是人与人之间实现知识的生命化共振。我们都知道，在共振频率下，很小的周期振动便可最终产生大幅度振动，同理，在人与人之间形成一个相对固定的场域之后，一个又一个的个体在专业交往中产生的整体共振，会大于个体之和。

教育无法离开教师。只是，教育是将教师视为活生生的生命、视为受教育者本身，还是将教师视为传授知识的工具，这两者之间存在着本质上的不同。

传授知识，无疑是教师的基本工作内容。但是，仅仅以此为使命，过去可以凸显出教师的地位之崇高，如今却意味着教师存在意义的消解。

> **喜致校长·170**
>
> 面对抄袭，所有正常人都会反对，可是，许多人却十分从容地一天又一天地抄袭着自己的生活，而且在抄袭中还会抄错当初正确的那部分。正因为这样，任何当下的教育，都需要未来之光的照耀。

一方面，学生或年轻者掌握了新的知识技能，再传授给教师或年长者——文化反哺现象已经成为我们这个时代的基本特点之一，一切都在越来越清晰地宣告后喻时代的到来。再博学的教师也不可能比互联网的信息更加丰富，刚上学的学生也可以通过搜索引擎迅速熟知某一感兴趣的领域，传统的"给学生一杯水，教师要有一桶水"的说法已经被彻底颠覆。

另一方面，以精准传授知识为核心的慕课等网络学习方式，可以让一位名师的授课视频服务于无数学生，让教学完全突破教室的物理限制。这种互联网对教育所造成的摧枯拉朽的改变，一度让人惊呼"教师"这一职业的存在竟然也变得岌岌可危。

由此可见，将教师视为生命、视为受教育者，是解决以上问题的唯一途径。这也正是时代推动人本精神在教育中的体现。

其实，这也是教师自我发现、自我挑战、自我成就的必然选择。

教师的工作，不只在于传授知识，更在于引导学生形成智识。这种智识，

> **寄致校长·171**
> 我们不可以把教育中的成功视为一个结果，那样常常会导致心浮气躁。教育之中的成功，本质上是一个过程。无论在顺利中收获了开心，还是在挫折中收获了成长，无论教师，还是学生，无论学校，还是家庭……每一点每一滴的成功，都是校长乐于共同分享的幸福。这样的心情，自然而然能把教育变得更为美好。这份美好带来的愉悦，将会成为更大的动力，鼓舞人们去创造更大的成功。

> **寄致校长·172**
> 广义上的教育，决定了一个人的一切。

> **喜致校长·173**
>
> 教育的美妙在于：能释放自己生命中最好的部分，能汲取万物中最好的部分，并能将两者合而为一，创造出更好的部分。

不仅是在对已有知识的学习之外，形成对已学知识的运用、对未知世界的热爱与探求等能力，更是一种将知识化零为整、宏观把握，将知识融入生命、正确运用的能力。正所谓"经师易得，人师难求"，科学发展越迅速，"人师"的价值意义越会被凸显。教师的天命，就在于成为"人师"。

教师如何履行自己的天命？教师如何实现从经师到人师的成长？职业认同与专业发展，前者隐性、后者显性，二者互相促进，双翼共同作用，使教师成长，使教育发展。现实与理想之间纵然相隔着千山万水，但总有一双翅膀能够担负起这段路途。

> **喜致校长·174**
>
> 课堂打磨和个案分析，必须相结合。对课堂的打磨，更多的是讨论教学的技术。对个案的分析，更多的是讨论教育的艺术。对个案的分析势必综合着各个学科，甚至整合了课堂内外，是对完整的人的分析。虽然它必须依靠理论这把手术刀，但是它却是鲜活立体的范例，能够给一所学校带来更多智慧。

读与写

信息时代正在围剿阅读。

电视、电脑、手机……随着时代发展，我们获取信息的途径越来越多，能够整合信息、建构自我的阅读能力却越来越弱。

如果不是时代发展到今天，阅读，并不会成为生死攸关的大问题。如果不是时代发展到今天，世界上可能也不会有那么多国家、那么多人，在那样全力以赴地推动阅读。

在没有电视、电影的时代里，人们的闲暇生活和娱乐方式就是阅读。就连听广播，其实也是在听故事——听故事，正是促进阅读的一种方式。

世界发展到今天，就像一列火

> **喜致校长·175**
> 教育绝对不可造神。如果教育要造神，就是要把每一个人都变成神，让每颗心都显现神性，所谓神性，就是精神不断超越自我的那一部分。

> **喜致校长·176**
> 教师和学生之间最好的关系是彼此崇拜，校长和教师之间最好的关系是彼此支持。前者会让学习成为正向循环，后者会让行动创造出最多的价值。

> **喜致校长·177**
>
> 如何把自己的爱好融入教学之中？这是校长可以给教师布置的教研作业。如何用自己的爱好推进管理？这是校长可以给自己布置的家庭作业。生活即教育，并非遥不可及的理想，而是最为真切的现实。或者我们可以说：通往理想之路，本身就是理想最重要的组成部分。

车一样，从普快、特快、直快、动车到今天的高铁，速度越来越快——根据学者研究统计，现在《纽约时报》一周所发布的信息量，比18世纪的一个人一生所收到的资讯量更大，现在18个月产生的信息比过去5000年的信息总和还要多，我们的生活，就是这样被暴风骤雨一般的信息冲刷着。

在这样的信息暴风雨里，如何判断？如何选择？这将决定一个人的行动，也将决定一个人的生活。

信息时代里，每个人都被电视、电脑、手机包围。这大、中、小的三块电子屏幕，成为我们获取信息的主要来源，也成为越来越重要的阅读方式。这种情况下，我们就像被温水逐渐煮熟的青蛙一样，在温暖的水中逐渐适应了新的生活。彻底抛弃阅读，越来越容易成为可能。

我们往往会忽略以下三点——

第一，获得信息不等于阅读。信息是客观的，也是零散的。让一条信息真正发挥作用，需要人们结合当时的情境进行整合与判断。书籍不是简

> **喜致校长·178**
>
> 教育的本质是帮助个体改变命运，帮助群体创造环境，这就要求我们必须要有追寻梦想的勇气。但是，一位真正勇敢的校长，并不会认为自己是勇敢的，恰恰相反，勇敢的校长只会认为自己做的一切都是理所应当的。

单的信息。任何图书在出版之前的加工环节当中，都会根据某个整体框架进行编辑，因此，每本图书无论内容好坏、质量高低，都是一部分信息汇总形成的知识。因此，阅读书籍的过程，是一个多方整合判断的过程，而阅读本身则是培养思考习惯、提高思维能力的方法。

> **喜致校长·179**
>
> 教育是时间的魔术。没有任何事物可以取代时间。因此，在教育中，方向和行动，永远并列第一。只要方向正确，只要正在行动，就永远充满希望，充满活力。

第二，电子书与纸质书的各自优势不同。电脑、手机以及各种各样的电子书，因其携带方便、结合影音等多种方式呈现，有着特殊的优势。电子书正在逐步挤压纸质书的生存空间。但是，纸质书和电子书的"较量"，就像电台、电影、电视、网络的发展一样，只是欣赏形式上的演变，导致了对欣赏者群体的细分，它们会共同存在，而不会彼此取代。

第三，电子阅读更容易造成浅阅读。在电子屏幕上，阅读更多的是一种浏览，是一种泛读。据研究，屏幕对眼睛形成的刺激，远远大于纸质图书对眼睛的刺激。这种刺激造成的眼部疲劳，会导致读者更加频繁地更换网页或翻动电子书页，尤其对于生理、心理都尚未完全定型的孩子而言，他们的阅读往往难以深入。

因此，在这样不可逆转的时代大潮的冲击下，人们历经漫长而艰苦的探索，最终重新发现阅读，重新认识到了阅读的重要性。

> **喜致校长·180**
>
> 教师工具化，是教育管理中的一个关键问题，是一个触及教育本质的问题。

> **喜致校长·181**
>
> 教育要做正确的事，而不是做大家能接受的事。只做能接受的事，叫迎合。做正确的事，意味着教育者首先教育的是自己。校长的工作，就是把正确的事首先变成教师们接受的事。

仅仅阅读还不够，阅读只是输入，写作才是输出。如果阅读是登山，写作则是积土成山。

写作，是生命的涌现。作品，是一个人的精神生命所诞生的孩子。

写作教学难中之难的问题，就在于解析和创造不同的路径。

庖丁解牛，可以游刃有余地把牛大卸八块。但是，你把这八块交给庖丁，庖丁只能拼出一头死牛，无法拼出一头活生生的牛。

哪怕是对于一个成熟的评论家来说，他可以像庖丁解牛一般，把一篇文章大卸八块，剖析得淋漓尽致。但是，就写作而言，他却不可能用卸成八块的开头、结尾等，拼凑出一篇灵动的文章。

从2010年的春天开始，我尝试从一个作家的角度，为写作教学提供一些新的方法。经年累月，我和伙伴们最终研发出了说写课程的新范式。

没想到，冥冥之中，还有一位伙伴，在遥远的保加利亚，也从事着同类的探索。

2019年春，我在鲁迅文学院举办"第四届国际写作计划"活动的

> **喜致校长·182**
>
> 教育的勇气，从对人的深切关心中产生。爱，才会有勇气。教育的智慧，却从对人性善与恶的辨析中产生。痛，才会有智慧。爱与痛，不是经纬而是砖瓦，不是蓝图而是行动，这样才能催生理想的学校。

时候，与保加利亚国宝级作家兹德拉夫科·伊蒂莫娃相识。她不仅擅长小说，尤其是短篇小说的写作，而且长期在保加利亚首都历史最悠久的索非亚大学教授写作课。

相似的经历，让我们跨越了国界与语言的障碍，迅速成为忘年交。我特别邀请她为中国教师介绍自己的教学经验。

千山万水，时光飞逝，人们通过写作表达，以阅读相遇。或许，这才是阅读与写作的终极意义。

> **喜致校长·183**
>
> 一位校长如果善于从细微处寻找幸福，就能从教育的烦琐中发现无限乐趣。一位教师的成长、一位学生的改变、一位家长的感激……将这一切之中得到的幸福累积起来，就能为带领整个群体向着明天前进提供源源不断的力量。

> **喜致校长·184**
>
> 校长就像一位厨师，永远会使用不同的食材，烧出不同的饭菜。无论前人零星的真理，还是当下探索者星星点点的记录，无论教师，还是学生或家长，各个层面不同的需求通过校长的手予以整合，最后烹饪出一道教育的大餐。这样的大餐要成为校长心中从一开始就有所规划的蓝图。

学习科学强大自我

"分久必合，合久必分"不仅仅是对天下大势的判断，也是事物发展的规律之一。教育的发展也是如此。

从农耕时代到工业时代，我们不断探索事物的发展，积累的知识也在不断细化，不断专业化，这是"分"。教育中的分科，也就对应着这一趋势。

从工业时代到信息时代，各类专业知识彼此之间形成了壁垒，信息的碎片化又加剧了这一趋势，于是，在"分"之后，又提倡"合"。愈演愈烈的"项目制学习"，则是最近风行的做法。

但是，在项目制学习中，特别需要一点根本理念上的转变，那就是从教师的以教为主向学生的以学为主进行转变。

> **喜致校长·185**
> 教育之火的点燃，要诀在于正确勘探，并发现石油藏在何处。否则，火焰燃烧石头，最终也是枉然。

> **喜致校长·186**
> 只有心中充满希望的人，才会真正拥有明天。只有心中充满爱的校长，才会萌生出正确的智慧，才会创造出真正的教育。

从某种意义上，我们可以把学习科学视为教育发展到一定程度的科学化的体现。正是在工业时代向信息时代转变的时代背景之下，学习科学，真正成为一门独立的科学。它从20世纪80年代开始从萌芽走向茁壮，至21世纪，已经蓬勃发展为教育科学研究中不可或缺的一部分。

> **寄致校长·187**
>
> 信息时代的学校，特别需要加强与家庭的日常联动。一只蝴蝶扇动翅膀，可能会导致海啸的发生。一个家庭突发的境遇，也可能会将学校置于危险之中。平时和家长的融洽相处，意味着学校能够为教学提供最有力的保障，而不是事发之时，校长以血肉之躯来做一切事故的盾牌。

我们可以把教育中的两方视为两岸：教师，是教育出发的此岸，学生，是教育抵达的彼岸。其间的教学，则是桥梁。

教学的桥梁，本义就是由教师之教和学生之学共同组成。但是在实际工作中，桥梁一度完全由此岸伸向彼岸，费尽心力，却吃力不讨好。我们不断研究教师的成长、教参的科学、教具的丰富等，这一切研究，归根结底，仍然落实了一个"教"字。正如杜威当年在《经验与教育之关系》的演讲中所言：许多教师教书，"如老鸦哺子，曾不问其饥饱、

> **寄致校长·188**
>
> 在这世界上不存在一无所有的校长。哪怕真的是一穷二白的学校，校长的梦想仍然是最大的力量。校长的梦想只要真实存在，那么，梦想有多强烈，就一定会多多少少点燃一部分教师、家长、孩子的梦想。此时的校长，只是需要更多的耐心而已。

> **喜致校长·189**
>
> 勤快的父母往往养育出懒惰的孩子。勤奋的校长也可能如此。校长固然要身先士卒，但是，身先士卒是为了激发大家的力量。

唯尽力哺之而已。教者不察学者之需要而纳之，何异于是？卒之使学者所受，尽成装饰，虽博闻强记，亦人云亦云，不能判其是非、正其谬误，所谓大之不能用天下国家，小之不能唯天下国家所用。"

在脑科学、心理学等与教育密切相关的科学的不断发展中，"教学"一词才终于分别呈现为两个字的独立。如今我们开始真正研究"学"，是以学习科学之名，真正站在学生的那一方。这时的我们，真正从教育所想抵达的彼岸，回过头来，以终点为起点，以新的方向、新的视角，重新考虑如何架设彼此之间的桥梁，向此岸延展。

从学习科学的视角来看教学，我们会发现许多传统教学中的习焉不察的谬误。

比如，当今人们对信息、对知识的采集与运用，已经发展到通过一次网络搜索，就可以瞬间链接无数相关知识的阶段。我们对教师的要求，仍然是必须自己有"一桶水"，才能给学生"一杯水"。

比如，当我们为学生树立的学习目标，早已从知识的获取变成技能的习得，可教师仍然只能苦守教室，他们所采用的学习方法，仍然是把死记硬背视为法宝。

> **喜致校长·190**
>
> 戏剧是浓缩的人生。学校是浓缩的社会。以戏育人这种寓教于乐的方式，是校长在教育工作之中，尤其是在做家长的工作之时，可以事半功倍的一种技巧。

归根结底，所有真正取得效果的教育，其实，都必然包含着学习科学的这一部分，只是这一部分是多是少、是隐性还是显性而已。我们研究学习科学，不是研究天外来客，而是将原本可能着力较少、可能隐性存在的这一部分，更为透彻地解析，让教育之桥，从学生的彼岸、教师的此岸，共同向中央延伸。

更重要的是，这样的一次出发，将会激发起学生更多的内驱力。这种内在的动力，会让学生的自我更为强大而独立。这种内在的动力，是自我教育得以诞生的根本。这，才是我们把学习科学作为教育之要义的根本原因。

学习科学，为信息时代的学习者提供更为可行的个性化学习方案，必将更好地推动终身学习的发展。教与学，在新世纪里的合力，最终必将形成新的教育的稳定形态。通过这一切的践行，人类将吐故纳新，一代又一代，变得更为强大、更为美好。

喜致校长 · 191

教育生活不仅仅要让学生得到幸福，同时要让教师得到幸福。尤其对于校长而言，往往只有让教师得到了幸福，学生才可能得到幸福，家长才可以得到幸福，校长也才会因此而幸福。

喜致校长 · 192

好校长一定会冒险。如果只是遵循一般的工作方式方法，不可能取得不一样的成绩。在冒险之前，与其得到支持，不如做好准备：鼓舞家长为了孩子共同奋斗；鼓励教师掌握教育规律，学会用科学方法为自己减负；协助上级做好一方特色；激发儿童生命本能的潜力。这样的准备，就是无敌的。

校长魔鬼们的孩子气

一

对我而言,校长绝对是一种类似于"魔鬼"的存在。

一校之长意味着群体工作的领头人,意味着规则与秩序的守护人,这群人对于从小到大自由自在的我来说,完全就是死对头。

> 喜致校长·193
>
> 一个人成长的速度,取决于他阅读的深度和践行的力度。对于校长而言,尤其如此。但是对校长来说,阅读有字书相对更容易,阅读人性、生活这两本大书,却格外艰难。

> 喜致校长·194
>
> 校长推动家校共育的价值和意义,远远超过教育本身。它不仅提升了教学品质、缓解了教育压力,更从客观上形成了一小片文明的绿洲,真正造福了一方。

曾经有一次,在河南的一所学校里,我和全校教师座谈。结束后,吴伟刚校长感慨地夸奖我说:"老师们要是都像你这样不计较名利,我们学校的教育何愁不兴旺?"

我当场回答:"非也非也!我当年工作时,就是完全不计较名利的员工。您知道我是怎样工作的吗?"

曾经有无数次,我在上班之前给我的领

导打电话:"头儿,我今天睡过头了,您看我今天还上班吗?"那时,肯定已经是上午10点前后了。我的领导要么回答:"你快来吧!"要么回答:"别来了!"我都会笑眯眯地说:"谢谢头儿!"

说完,我还不忘画龙点睛地对校长作出总结:"您看,我是真的不在意名利的。如果全校老师都这样不计较名利,您怎么当校长呀?"

校长看着我,两眼发直,无言以对。

我之所以是这样的我,完全是因为我的家庭教育和学校教育:"我的三叔是全省物理名师,也是一位辞去校长一职当普通教师的大帅哥。因为我的父母对待自己的弟弟妹妹是长兄为父、长嫂为母,所以三叔以教育回馈,对我们小辈操心甚多。我从小被淡泊名利的三叔教大,也算是家学渊源"。

走进新教育实验之后,我深入乃至扎根到教育工作中,一半原因固然是被日本重视教育的史实震撼而写作《影之翼》,另一半原因则是一线教师对我的喜爱。

> **喜致校长·195**
>
> 家校共育最大的诀窍在于:必须请家长成为共育工作中的主人,教师尤其是校长,一定要置身幕后成为军师。只有这样才能充分挖掘家长作为主体的力量,只有这样才能在互不信任、彼此防范的家校关系中最快地创造出最好的突破口。

> **喜致校长·196**
>
> 教育本身就是教人面向未来。只是农耕时代变化缓慢,教育彻底沦为了经验的传授。到了工业时代就出现了知识的周期更迭,代沟因此成为常态。如今是日新月异的信息时代,如何向未来凿壁借光,以未来引领现在,是衡量校长、教师、家长是否优秀的首要标准。

喜致校长·197

我们不断歌颂儿童，但这绝不意味着儿童没有弱点和缺陷。我们一直赞美教师，也不意味着教师就可以不食人间烟火。我们强调信任家长，更不意味着家教可以取代专业的教育工作者。真正的热爱，永远是以包容为底色。校长对一切的包容和内心坚守的原则，是硬币的正反两面，共同组成了好教育。

亲近，就越觉得校长可怕。

真正接触到校长这个群体，是从我2014年启动"新孩子"乡村阅读公益行开始。

二

为了"新孩子"乡村阅读公益行，我只身一人走进100所乡村学校做免费讲座，也见到了100位来自全国各地的校长。

通过我自己的眼睛去看校这，也成为我进一步加强对校长这个角色的对抗意识的原因所在。

通过一线教师的眼睛和嘴巴，我也"看到"了形形色色的校长。其中，"模样"可爱的校长凤毛麟角。这样的校长也已经是众星捧月，自然不需要多我一个。

我通过一线教师看见的绝大多数校长都是面目模糊的，甚至是面目"可憎"的。听了太多一线教师和校长斗智斗勇的故事，我越和一线教师

喜致校长·198

人们都说婚姻是围城，其实，时间更是一座围城。所以，离开童年的大人，常常把心中那个小小的孩子放在城里，而正在城里的孩子，往往把一个强大无比的成人放在城外。结果，大人孩子都很少从立足之处扎根，生长出幸福，而是渴望着围城外有着幸福的风景。校长不应该是时间围城的看门人，而应该成为穿梭围城内外的送信人。

长，我逐渐发现，校长群体的模样和一线教师转述的不太相同。

我遇到过一位特别可爱的校长。我到达他的学校时，他基本上不怎么搭理我，显得很高冷。等到活动开始的校长致辞环节，我发现他致辞的稿子上有一些红色的字。我的视力很好，定睛一看就悄悄乐了：那些红色的字，是他给自己的发言稿上标注的拼音。听着他一字一顿、认认真真却还是说得不太标准的普通话，我这才恍然大悟：原来他不跟我说话，是因为他觉得自己的普通话说得不太标准。

最让我心疼的是一位年轻的女校长。她的年纪比当时的我还要小，因为在乡村中学的教学成绩好，被领导赏识，调到了这所小学担任校长。为了表示自己的决心和信心，她把自己的女儿也调进这所小学念书。可是，尽管只是简单的相处，我也能够感觉到这所小学的同事对她这位"空降校长"的漠然甚至敌意。她告诉我，她是多么想把这所乡村学校建设好。她很想努力做点什么，却又感觉无依无靠，无从下手。我感觉，她就像一个孩子，突然掉进了一个

> **喜致校长·199**
>
> 家庭，意味着在这间屋子里装下所有人，不管对方是丑陋还是美丽。学校，意味着在这片建筑里提升所有人，不管对方是贫穷还是富有。校长，意味着在这颗心里温暖所有人，不管对方是孩子还是成人。

> **喜致校长·200**
>
> 一所学校的管理，看起来千头万绪，其实牵一发而动全身：无论课堂、课程、活动，还是教师、家长、孩子，找准一个切入点，只要挖掘得够深，坚持一段时间，就可以看到全面提升的效果。

> **喜致校长·201**
>
> 对于同样一个名词，每个人心中定义不同，最终的行动也会大相径庭。比如校长之"长"，如果视为家长，就会成为威权的代言；如果视为成长，就会成为拔节的力量。

充满了敌意的丛林里。

还有更多感人的故事，那些我准备留着逐一叙述的校长们，我舍不得仅仅在这样的一篇短文中记录。

总之，随着一次又一次的相见，一个又一个校长的形象，逐渐在我的心中鲜活起来。

越来越多的事实，破除了我对校长的恐惧，我渐渐用我的眼睛，看见了一个又一个真实的校长。

校长，在我心中，逐渐从魔鬼的代名词，变成了有血有肉的人，最后，变成了有情有义的伙伴。

这些年来，在我的教育生涯中，一切都是一帆风顺的。从学术研究到公益活动，再到各类培训……在形形色色的教育工作中，曾经被我视为魔鬼的校长们，给我留下了太多太多深刻的记忆。几乎每一次，他们对我的叮嘱中，都有一句话："不要太累！"

可以说，我对教育的感情，是在和一线教师的相处中，因为我对一线教师的喜爱与帮助而奠基，是在和校长的相处中，因为校长对我的理解和帮助而不断被夯实。

在这个过程中，我学习到许

> **喜致校长·202**
>
> 校长推动教师阅读，是为教师成长找到了最佳途径；校长推动学生阅读，是给未来世界埋下了美好的种子；校长推动亲子阅读，是为当下社会增添了一份宁静的幸福。

许多多校长的智慧,也了解了许许多多校长的故事,我早就立下心愿,要将其逐一记录。尽管我拖延至今没有完成,但这一串名单,一直在悄悄积攒着。

之所以突然写这篇文章,是因为最近有一些校长和一些"傻事"浮现在我面前。

> **喜致校长·203**
> 对于一位校长而言,阅读不仅仅是为了给工作提供更多智慧的工具,同时也是为了给自己的心灵一次深刻、持久、有效的休息。因为在现实生活之中摸爬滚打,难免会沾染上泥泞。以书籍为翅膀,才能够在空中飞翔。

三

近两年以来,我开始越来越强烈地痛感自身力量之有限。我从纯粹埋头干活中逐渐苏醒过来,一点点地认识到:我需要借助他人的力量,才能把我对教育的研究,真正变成对教育有用的力量。这些人,除了教师,也包括校长。

忘记了是2018年的哪一天,我建了一个"喜相逢校长群",并把我见过的校长们都请到群里。

> **喜致校长·204**
> 书籍是校长的拐杖。一位校长,一定要善于运用拐杖,才可以借力。同时也要善于抛弃拐杖,才能够更快地奔跑。

我的计划是:今后我每写一本书,无论教育书还是儿童文学,就给这些校长们送一本书。

我知道有很多校长平时太忙碌,根本无暇读书。但是,因为是我专门送的,校长们读一读的概率就大多

> **喜致校长 · 205**
>
> 当一位校长遇到极大的困难，感觉缺乏力量的时候，名著，就是这位校长最大的力量来源。一方面，这位校长可以用名著来充实自己；另一方面，作为校长，可以用名著之中的语录，代替自己，去说服他人。在困难和挫折面前，一位著名的专家学者，显然会是校长最为得力也最为忠诚的朋友。

了。我认认真真把书写好，只要校长们去读，至少就会有一句话、甚至一个方法，留在校长们的心里。校长们的心灵因此而得到一丝的改变，校长们所带领的教师、所教的学生，就等于因为我而改变了一分。

这岂不是个绝顶好计划？

可是，把校长们请到群里之后，我又发现这是个尴尬的举动：微信群这种事物，一旦没有人说话，群就会"死"过去；但是说话的人多了，群也会"死"过去。

想来想去，我又想了一个办法。

从2019年元旦开始，我每一天都给校长们写几句话，来表达个人对学校管理上的想法。我把这些话放到一个小程序里，每天早上我打卡获取一张图片，发到校长群里，这样让校长们知道，虽然我们在群里不闲聊，但我还是真的惦记着大家。

其实，很快我又发现，被我邀请进群的校长，绝大多数应该是不需要每天早上看一句话的。这样一来，我

> **喜致校长 · 206**
>
> 信息时代的博览群书，已经变得没有太大必要。作为校长，不可能做到无限度的博览。围绕自己的工作，对阅读做一个相应的计划，接着再来开展有体系、有框架的阅读，并及时反思、及时行动、及时复盘。这样的阅读，才是校长最需要的阅读方法。

发的信息，也就成为了对大家的打扰。

但是怎么办才好呢？我一时之间也没想出什么好办法，就还是每天早晨坚持着，从元旦一直坚持到7月22日。

7月22日，我想到了新的方法处理我的问题。

我在群里告诉校长们：这一次报名加入"新教育种子计划"公益项目的种子基地学校数量远超预期，达到400多所。在开展后续工作时，我需要和校长们经常沟通，任务比较繁重，并且这个项目可以说是我这一辈子最大的教育梦想；我也越来越感觉每天早上都来那么几句话，在群里可能会干扰到更多的校长。所以，我会把每天一句话的内容，发到微信朋友圈里，就不再发在群里打扰大家。今后有什么重要信息，还是会到群里来发布。

这是一个非常简单的调整。不涉及任何人与事。我想都没想就觉得，我这样介绍之后，肯定会得到校长们的理解与配合。

魔鬼啊，我的校长魔鬼们果

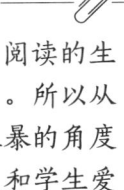

> **寄致校长·207**
>
> 直至今天，阅读的生态仍然如此恶劣。所以从某种最为简单粗暴的角度来说，只要教师和学生爱阅读，无论读什么书都会有所收获。校长面临的最可怕的问题，就在于各种信息纷至沓来，师生们成为被动的信息接收者，而不是主动的阅读思考者。

> **寄致校长·208**
>
> 恶劣的家庭教育，导致有一些不幸的孩子在入学之时，精神生命已近乎死亡。对于这些孩子，只依靠一位教师单枪匹马的力量往往是不够的。校长如果组织一部分力量，把这一类孩子作为教育个案进行跟进指导，窥斑见豹，既能提升教育水平，又能解决教学问题，还能深化教育研究，正可谓一举多得。

> **喜致校长·209**
>
> 无论把什么作为学校的特色，最重要的方法，也是最基础的方法，就是从阅读切入。用阅读作为切口，哪怕是以体育作为特色，用阅读切入的时候，也能够通过体育文化从而让体育变得更具有教育的厚度。

然来配合我了。

第一天，7月23日5:50，我把写给校长的话，发到了朋友圈里。

有的校长按照我的邀请，到朋友圈里看一眼，或者留言，或者点赞，表示看过了。

然而，5:58，校长群里，突然出现了一则信息，是我发在朋友圈里的图片——苏明东校长把它又转回了微信群。

我就像被火炙了一下。看了半天，想了又想，还是忍不住，私下给苏校长发去了一条留言："非常感动！"

苏校长迅速回复："你感动了我们，是你感动了所有新教育的追梦人！真正应该感谢你的是我们！你很不容易啊！"

不仅如此，苏校长还马上把我们的对话截图，发到了群里。

我什么都没有说。我不知道该说什么，也不知道能说什么。

不过，有这样的一个结尾，也挺好。

第二天，7月24日5:50，我把写给校长的话，发到了朋友圈里。

> **喜致校长·210**
>
> 要想让不爱阅读的教师捧起书本，比引领未成年的学生要难得多。校长一定要善于"曲线领读"。比如：先用教育类的影视作品丰富教师的精神世界，再以各类讨论激活教师的思考与表达，让教师从广义的阅读逐步进入深度阅读，循序渐进，"请君入瓮"。

万万没想到，5:53，校长群里，出现了苏祥林校长：他做了和苏明东校长一样的事情。

第三天，7月25日，我把写给校长的话，发到了朋友圈里。

6:07，校长群里，再一次出现了我在朋友圈里的信息……

第四天，第五天……这种莫名的孩子气的行动，一直持续着。

我一直无言以对。

> **喜致校长·211**
> 再忙碌的校长，也应该成为名人传记的阅读者。再不爱阅读的校长，也起码要成为名人传记电影的爱好者。在这个伟大的时代，一位真正的校长需要同样多的勇气、智慧和创造力。再差的名人传记也能至少提供其中的一种力量。

> **喜致校长·212**
> 责任是一种外界施加的力量，近似于压力；兴趣是一种内心生发的力量，纯粹是动力。所以，责任感永远比不上好奇心所产生的力量大、效果好，对学生如此，对教师也如此。如果要引导教师成长，校长就要善于从教师的日常兴趣着手，推动教师的阅读和写作。

四

我决定要写《如何打造乡村名校》这本书，也是因为一位校长——苏祥林校长。

我们在一次讲座中相识——但是，我并没有真正见过他。

他添加了我的微信，连续几个月催我回答他如何建设乡村学校的问题。我被他催得几乎精神崩溃，直接把写后未经修订、满是错别字的文章发给他。他当即感谢，第二天又谢：

"童老师，你的建议非常接地气，很有实用价值。既有理论性，又有可操作性。越读越有味道。非常感谢！"

我回复："我也要感谢您。我决定写一本书——《如何打造乡村名校》，帮助乡村校长打造更多好学校！"

> **喜致校长·213**
> 反思内省，是最容易被校长忽略的能力。我们常把写作视为对上的公务、对下的引领，无论对上对下，都属于对外的宣告。其实，写作是最好的反思内省之法，是逃离惯性、对抗庸常的最佳途径。

当露出自己真实模样的时候，每一个人都非常可爱。

当一个认真的成人暴露出自己孩子气一面的时候，看到那摘掉面具的脸庞，感觉就像是全世界的花朵在同时绽放。

早在走进新教育之初，在闲聊时，就有新教育的朋友问我为什么"走进来"。

我还清楚地记得，我对朋友说："我进来玩儿啊！我在读书的时候，就有个外号叫'小老弟'，全班男生女生都这样叫我。我在这里，也是你们的小老弟。你们到河里抓鱼摸虾，我就在岸边蹦来跳去，给你们拧个毛巾、递个鱼叉什么的，或者躺在草地上打个滚儿晒晒太阳，这不是很热闹很好玩吗？"

> **喜致校长·214**
> 校长推动教师共读的首要任务不是提高教学水平，而是统一思想理念。校长为自己的办学理念，找到合适的图书为媒介，组织教师共同阅读、共同讨论，比校长苦口婆心地规劝要有效得多。

谁会想到，教育之路，十年之

间——不过短短十年啊,物是人非,生离死别,百般滋味!!!

亲爱的校长,当我摘下有色眼镜,以人的眼睛去看人,终于看见了真实的你们——特别感谢你们让我再一次看见成人最纯真的样子,特别感谢你们让我再一次看见教育最有希望的样子。

这篇短文,源自感慨,也希望能成为一个新的起点。

"新教育种子计划"——就要启动了。这是"新教育种子计划"用9年时光探索教师成长之后,再一次站在了起点上。

汲取"新孩子"乡村阅读公益行中,我面对100所乡村学校的诸多教训,这一次我有了新的方法、新的力量。

我相信,这一次,我能够真正做好桥梁:做好教育局局长和校长之间、校长和教师之间、教师和家长之间、家长和孩子之间的桥梁。

我相信,这一次,我和伙伴们会和以前不同。

这一次,我们的努力方向是真正助力学校,能够让校长变得更好,能

> **喜致校长·215**
> 阅读对校长而言,有着多重作用:对于校长自身,是心灵和技能上的充电;对于教师团队,是精神交流的密码和共同成长的养分;对于学生和家长,是榜样示范和引领。

> **喜致校长·216**
> 如果校长想以最快的速度,形成自己的校园文化,最佳的途径只有一个:共读。这时的共读,指的是一种大阅读——多维阅读:阅读图书、影像、美术乃至音乐。以相同的主题,用不同的素材,从不同的角度,让学校融汇为一个整体。

> **喜致校长·217**
> 身为校长，常常是要等到一个节点回顾的时候，才会发现自己已经走了多远、有了怎样的收获。

够让教师轻松幸福，能够把不同的种子学校，做成富有特色的、富有个性的新教育实验百花齐放的样子。

我知道，这件事肯定没那么简单，肯定会有新的困难。

但我相信，我们最终可以做到。

因为，对于"感动"这个词，我给出的定义是：因为感情，有了动力。

谢谢你们，亲爱的校长魔鬼们。请你们再等一等我。这一次，我真的会开始讲述你们的故事。

——不，请让我荣幸而骄傲地讲述，以文学，以理论，讲述我们共同的故事。

同心同行，无怨无悔。

> **喜致校长·218**
> 卓越的实施，其实本身也是卓越的创造。鉴于现实中人才的有限，校长通过外力汲取专家资源，引进更为科学高效的相关课程，把教师培养为卓越的实施者，这是最为可行，也是最为简便的创造之路。但是需要注意的是，实施的过程应及时予以记录。这样的记录本身就是最为有效的教育研究，也为今后的进一步提升，提供了更好的原始资料积累。

新父母孕育新世界

家校共育，早已不是新鲜的话题。但是，时代的发展让家校共育和阅读一样，从教育的有效补充和组成部分，变成了教育的一块基石。

今天的家校共育，是信息时代教育发展的必然选择。

以互联网为代表的科技进步，正在促使工业时代的千人一面，发展到信息时代的千人千面。不同时代赋予了教育不同的职责。在回应这一需求时，家庭教育，将越来越发挥出不可替代的作用，家校共育，也将随之在教育中占到越来越重的分量。

今天的家校共育，是中国教育实现弯道超车的唯一路径。

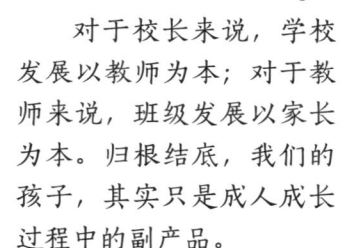

> **喜致校长·219**
>
> 对于校长来说，学校发展以教师为本；对于教师来说，班级发展以家长为本。归根结底，我们的孩子，其实只是成人成长过程中的副产品。

> **喜致校长·220**
>
> 校长的最高目标，并不是建设一所好的学校，而是激发师生的独立自主。一个有教育的目标，不可能是为了其他的，而一定是为了人，为了每一个人，包括校长自己。

> **寄致校长·221**
>
> 当教师因为自己已经具有一定知识，从而不再读书的时候，他们已有的知识就会变成一种野蛮的武器，不再帮助他们继续成长，而是帮助他们抵御甚至挑战新的知识。身为校长，就是以不断叩击教师心灵的方式，不断打破教师在学习上的惰性。

2015年，世界教育创新峰会（简称WISE）的一项全球调查发现，全世界教育家普遍预测"个人为教育买单的经费在未来会有很大的增长"。简单地说，政府的教育投入是保基础，保公平，更多家庭则为个性化的教育服务买单。中国要想在国际竞争中立于不败之地，就必须重视教育的投入，必须赢得家庭的支持。

今天的家校共育，是稳步推动文明进程的最好路径。

文明进程正在发展之中，多元化造成的冲突不可避免。家校共育，恰恰从家庭和学校这两个人生的重要场域里，找到了一个最柔软、最根本也是最稳定的平衡点：对孩子的爱。这些永远一致的关于真善美的基本共同点，就是人类文明进程中的最大公约数。它通过家校共育的方式，在社会上广泛传播，在代际中深度传播，从而让社会在稳步中发展。

今天的家校共育，是促进社会和谐的牢固基石。

> **寄致校长·222**
>
> 我们已经置身于终身学习的时代，早已不存在在哪个时间用心学习、在哪个时间付诸行动。信息时代的好校长，擅长于把这两种时间完全融合在一起，边学边干，将自身行动和带领他人行动相结合，这就是最愉快也是最迅速的共同成长之法。

很多教育的难题,有赖于社会的发展;很多社会的难题,不可能一下子就被解决。只有家庭和学校彼此之间充分理解,把希望寄托在共同教育的孩子身上,把未来寄托在孩子的创造上,双方共同为之努力,这样打牢的稳定基石,才会成为确保社会和谐的根本。

> **喜致校长·223**
>
> 在工作之中,一位好校长一方面会发现自己越来越无知,另一方面也会发现在自己和他人共同朝向目标前行的过程中,自身有如海绵一般不断丰盈。这种感觉,可以称之为幸福。

今天的家校共育,是实现教育公平,提升学校教育品质的有力武器。

在教育中起到决定性作用的,是人。家校共育正是对家长和教师潜能的激发与培育。从资源上,不同的家长可以为学校提供不同的资源,众人拾柴火焰高,能够高速实现资源的积累;从理念上,在家长和家长之间、家长和教师之间,彼此的教育理念互相促进更新、全面提高,从而实现全民教育素养的提升;从行动上,大家可以各展所长,互相帮助。这样的共同努力,就意味着学校品质的提升。随着一届又一届学生的加入,学校就有了源头活水般持续的力量。

今天的家校共育,是加强家庭建设、传播家庭文化的最佳助手。

通过学校的引导,家长学习叙事

> **喜致校长·224**
>
> 永远不要以为教师是成人,就可以完全理性地对待他们。务必要像爱孩子一样爱教师。这种爱,是慢的力量,是柔的力量,也是持续浸润心灵的力量。校长用这种力量,配合着相应的规章制度,才能在一张一弛中,让自己的心灵保持平和:就算教师做错了,你和"孩子"计较什么呢?

> **喜致校长·225**
>
> 教师渴望名利，是人性的本能，也是正常的需求。校长的职责，在于建立公平、公正、公开的制度，让全校人员从荣誉上实至名归，从利益上取之有道，这样的名利，不仅不会是束缚教师前行的枷锁，反而是高效开展工作的润滑与推动。

等各种教育的梳理方式，和孩子一起成为家庭文化的建设者、记录者和传播者。家庭成员的和谐美好，让家庭的家风、家训等，通过具体而美好的人和事，在时空中继续流传，形成一种精神力量，在传播中给予后代积极的引领，有如灯塔一般，让自身明亮并为他人提供引领。

今天的家校共育，是让教育共同体中的多方实现完整幸福的最好平台。

教育的最终目标就是人的幸福完整，教育中的家校共育也不例外。家校共育，是教师、家长、学生等多方赢得幸福完整的最好手段，是教师、家长、学生等多方实现完整幸福的最好平台，家校共育把原本孤立的家庭、学校联合为教育的共同体。共同体中的多方人员全面覆盖教育中的所有环节，这样的齐心协力，各展所长，完整幸福因此变得唾手可得。

我们相信，在一所又一所学校的推动之下，越来越多的家长会迎来精神生命的新生；在一个又一个家庭的

> **喜致校长·226**
>
> 对普通学校而言，课程建设才是核心竞争力。教师成长是根本，但它远水救不了近火，而且好教师"孔雀东南飞"也是无法阻挡的社会现象。足够科学和细化的课程，通过简单的操作与培训，就能在短时间里取得良好效果，还能以此更为精确地推动教师成长。

喜致校长·227

教师成长固然重要，理念改变固然需要，但是，教师一般很难自行摸索出方法。所以，校长要善于帮教师想出方法、提供步骤，这样不仅有助于迅速推进工作，而且能够在真正落实的过程中改变理念，从而促使教师成长。

践行之中，家校共育也将推动着教育的不断创新。

新的家庭，就在新父母这样的努力中，不断地呈现。

新的世界，就在我们坚持的共同行动中，从蓝图上逐渐显影。

喜致校长·228

在一个公司、一条流水线上，我们可以说管理者的用人是用人所长。在教育中，每一位教师都面对着相似的家长，任何教师都有着过短的短板，也都可能会给全校造成重大疏漏。所以，在全校营造温馨又积极的氛围，让教师乐于再次成长，是让学校富有生机活力的必由之径，舍此别无他法。

致一位教育局局长的阅读推广信

敬爱的李局长：

虽然我们见面只有几分钟时间，但是，给我留下了深刻的印象。此时从文字中相见，或许可以比面对面的交流更为深入。您题赠的书我已经读完，非常开心读到这样一本对植物娓娓道来的书。因为地理环境是我最短的短板，所以，建议把这些当地植物作为一个特色课程进行研发，这算是我久病成医的经验。更重要的是，谈及热爱祖国，归根结底是真心地喜爱那一花一草一人，这是热爱之根。

读到您的书，我就突然理解了您那种想要好好推动阅读的心情。

喜致校长·229

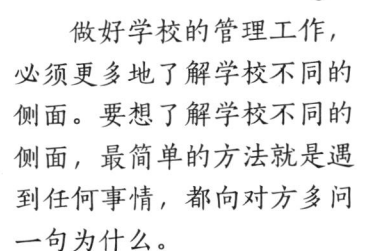

做好学校的管理工作，必须更多地了解学校不同的侧面。要想了解学校不同的侧面，最简单的方法就是遇到任何事情，都向对方多问一句为什么。

喜致校长·230

如果一位校长敢于交出权力，那么他将拥有最大的力量。当一位校长能够把事关权力的一切交由大家来处置时，这样的校长不仅能通过这个过程减轻压力，而且能因此轻装上阵，赢得更多的支持。

当时我马上说，我要给您提一些建议，与其说想协助您把阅读推广工作做好，不如说我担心您心灵的安危。

心灵的安危——我觉得这才是人生最值得关注的事。事关幸福。

从个体而言，您是一个热爱阅读、满腔赤诚，只想为一地的人民做实事、做好事的人。

> **喜致校长·231**
>
> 激烈的争论往往能够碰撞出最绚丽的智慧火花，但也意味着，只有用和谐的关系作为基础和前提，才能让团队形成积极向上的、就事论事的争论。校长所要做的，不是自己提供一朵思想的火花，而是要为这个团队提供基础和前提。

但是，对于百姓而言，您却不是您，而是您所代表的官方力量。

当一个地区缺乏阅读的氛围时，意味着这个地区的娱乐休闲活动肯定是以其他方式为主的。阅读具有娱乐性，但阅读的娱乐功能最大化的时期，是在收音机没发明之前。

> **喜致校长·232**
>
> 管理学校有时候就像是行军打仗。最初，再好的校长也很难同时把教师、学生、家长都结为自己的盟友。在这样的状态之下，选择三方之中关系最为友好的一方作为突破口，在这场教育之战中，校长就避免了孤立无援。

所以，当娱乐越来越多地被广播、电视、电脑、手机等占据，纵然阅读仍有娱乐性，也不过成为一项更考验人的娱乐。既有考验，就必然难以得到真正的喜爱。

以上这些都是放之四海而皆准的不利因素。

真正的不利因素，肯定比我说的还要更多，比如经济上，教育局

> **喜致校长·233**
>
> 一位智慧的校长，一定会尽一切的力量让学校开放，让教室开放。这样的开放，必然会造成冲突，但是，恰恰是这些冲突，永远会对教育产生促进的力量。这种力量，甚至不需要校长动手，就会自然而然诞生。校长只需四两拨千斤的协调。

是否有财力支持，人们是否收入稳定；团队上，是否有足够的相关人手，是否有满意的人才发挥作用等。

从新闻中，我们早就能看见，有些教育局局长因为改革难以推进愤而辞职。在私下里，不谈我听说的，只说我亲身接触过的，因为受到种种阻碍而心生厌倦，甚至离开教育岗位的教育局局长，就绝非三五人。

这些都是心灵的大危机。

推动阅读的工作，最容易出现上有政策下有对策的虚假阅读的局面。因为推动阅读这件事情真的是可大可小。大，完全可以因为一本书，彻底改变一个人的一生；小，只需要拿起书拍一张照片，就可以完成一场活动，并且是真实的记录，但是毫无效果。这样日复一日地消耗，就像虱子，咬不死人，却也足够痒痒，让人想起来就难受，甚至感觉恶心。

这一类就是心灵的小危机。

我特别希望，您能够从容避开所有的心灵危机。

尽管我为了阅读，做了一些让别人感觉悲壮的事，但那真的是意

> **喜致校长·234**
>
> 有心的校长投入时间所做的任何事，都不能算是浪费时间。因为教育的哲理，孕育在万事万物之中，教育的管理，则需要更多生活中的触类旁通。任何情境下，有心的校长都能够研究哲理和管理。

外，是偶然。我之所以推动阅读，是因为我一直坚信，推动阅读是一件幸福的事。

我坚信，因为推动阅读，一方面，您一定可以把本职工作做得更好，切实提升教育品质，同时提升学生们的考试（不是应试）能力；另一方面，您一定会得到大人和孩子们的真实拥护，引导多方从丰富而深刻的精神生活中，共同创造更多的幸福。

我常常说，推动阅读，其实是一场攻心战。

我认为，官方推动阅读，最重要的，不是其他事情，而是撼动人心。

怎样才能真正地撼动人心呢？

> **喜致校长·235**
> 挖掘潜力本就不易，成人挖掘成人的潜力，更是难上加难。所以，校长在有限任期内工作，面对家长们无限的期待，必须采用"综合治理"的手段，才能挖掘出教师的潜力。

> **喜致校长·236**
> 在学校里形成一种人人可以说话的氛围是非常重要的。沉默是一种可怕的力量。众人的沉默，是一种催化剂，会把不满转化为蔑视，甚至憎恨。只要人人可以说话，在最大程度上释放负面的压力，那么，校长只需进行四两拨千斤的点拨，就可以汲取众人言语之中的营养甚至力量。

我个人建议可以分三步走。对局长而言，最重要的是第一步。

第一步，把上级的意图变成群众的自觉行动。

我认为这才是作为局长推动阅读的基础，是根基中的根基。围绕这一点，相信您肯定有很多方法。我个人的建议是，举办一场轰轰烈烈的"书香父母""书香教师"的评

二 领读者 / 123

选活动。务必要敲锣打鼓，轰轰烈烈，利用网络、报纸、电视、自媒体等各种渠道，把声势扩大到家喻户晓。

第一，在广大群众之中，以自己申报的方式来初步选拔"书香父母""书香教师"。

第二，将初步选拔出来的"书香父母""书香教师"在网络上进行公示、投票，并确定最终的获奖者。

第三，选出最终获奖者之后，才是活动真正的开始——绝对不可以把获奖者就此束之高阁，而应该把这些获奖者集中起来，进行演讲培训，打磨每一个人的阅读故事。

第四，打磨好每个人的故事之后，就请他们到所有的学校，进行巡回演讲。

> **喜致校长·237**
>
> 每一间教室都像一个港口。一位校长未必要到每一个港口停泊，但必须要用一定的时间，确保经过了所有不同的港口。不同的港口，一定会有不同的风景。

> **喜致校长·238**
>
> 相对于梦想，每个人的水平都很低。校长的为难之处在于，既不能缺乏梦想，沦为管家婆，又不能只看星空，那一定会摔跤。最考验校长水平的，是将两者结合与平衡的能力。

有一句据说是虚假的，但道理又没有错的名人名言："教育本质上是一棵树摇动另一棵树，一朵云推动另一朵云，一个灵魂唤醒另一个灵魂。"用人，一个个的人，一个个面孔熟悉但心灵新鲜的人，去濡染打动更多人。

这样可以最大限度地从活动的

第一步到最后一步，都尽力去吸引、感染同一方水土的父老乡亲。因为，远方的榜样比身边的榜样，更有吸引力；身边的榜样比远方的榜样，更有感召力。人们面对远方的榜样，可能更有敬畏感，但正是又敬又怕，才会找出各种理由拒绝向榜样学习；而面对身边的榜样，大家就少了很多借口。

更重要的是，通过这样的活动，能够激发出父老乡亲生命中不服输的劲头，树立起"以阅读为荣，以不读为耻"的一方正气。当一个人、一群人有了劲头、有了正气，阅读的激情就会被点燃，阅读就能真正成为人们的一种荣耀，读书人就可以真正成为学校、成为家庭中的榜样。

局长的力量，是行政的力量，可以瞬间摧枯拉朽，极其强大。

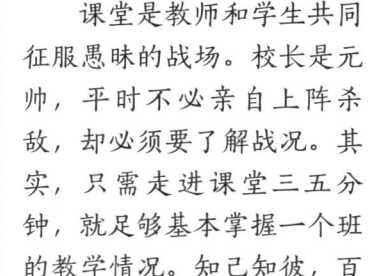

然而，榜样的力量，尤其是民间的真正的榜样的力量，才是无穷的。无穷无尽，绵延不绝，可谓生生不息。

有着第一步的奠基，就不会让人们认为阅读推广工作只是上级一时的心血来潮，尤其是当人们对阅读的认知不够时，第一步就特别重

> **寄致校长·239**
>
> 直觉很重要。尤其在两条道路拿捏不定、两种条件各有欠缺的时候，直觉就更加重要。不过，一位校长只能悄悄地相信自己的直觉，在时间、精力、经费等各方面条件永远和梦想有所距离时，凭借直觉做出最后的决定。校长见多识广，直觉就会敏锐。

> **寄致校长·240**
>
> 课堂是教师和学生共同征服愚昧的战场。校长是元帅，平时不必亲自上阵杀敌，却必须要了解战况。其实，只需走进课堂三五分钟，就足够基本掌握一个班的教学情况。知己知彼，百战不殆。

> **喜致校长·241**
>
> 有的人推翻权威，有的人迷恋权力。这些都是把权视为了强权。强权意味着对自身的毁损、对他人的伤害。校长本身就握有权力，因此需要特别注意，尽量放下权力，往往会更容易树立权威。

要。当大家发现阅读是榜样的人生经验，是信息时代的生活所需（这一点是我在阅读讲座中一直不厌其烦地告知大家的，效果特别好）时，他们就会主动拥抱阅读。

局长做好幕后的支持者、活动的策划者、大家的鼓舞者就够了。以前我经常埋头写作、埋头处理教育事务，根本不了解这些，最近这些年有了一点点实践与体验，才知道做得太多，有时效果反而适得其反。

第二步，师生共读、亲子共读，双管齐下，狠抓阅读方法的指导。

仅仅有了激情，就像是点燃了篝火，如果不往里面增添柴火，火光很快就会熄灭。

真正科学的阅读方法，是从兴趣的激发到习惯的养成，再到品质的提高，有着明确的路径。我送给您的《喜阅读出好孩子》一书里，有许多此类的方法。

从教育局的角度来推动时，则要注意将这两个方面结合，尽快取得成效，才能让一部分爱读书的人真正的"先富起来"。这样就让您的

> **喜致校长·242**
>
> 很多实务上会导致错误的做法，却是管理上的正确选择。比如，教师在教学上的盲目乐观，必然导致失败。校长在工作上、在众人面前表现出来的乐观哪怕再盲目，也是"在战略上藐视敌人"的一种方式，会在管理上奠定良好的基础。没人愿意跟随一位悲观的领导。

工作，有了可视化的成绩，接下来的工作也会变得更加容易。否则，除非是杰出的教师和家长会有耐心、智慧一直坚持，普通的教师和家长，很难避免由于孩子考试成绩下滑而引发焦虑。

因此，在师生共读上，也就有了第一个最简单、粗暴、有效的方法：在考试之中增加阅读课外书的题目。只需要在统考之中增加3~5分的题目，就足以把所有学校的阅读工作向前推进一大步。

> **喜致校长·243**
>
> 我们常常要求校长全心全意热爱孩子，我们也要求校长全心全意引导教师，我们还要求校长全心全意迎接各种检查督导，我们甚至还希望校长全心全意化解家长的焦虑……一旦顾此失彼，幸福就会失衡。所以，最重要的是：校长万万不可陷入全心全意之中。校长最应该学会的是弹钢琴，是能同时运用双手，多线程处理诸多事务。

> **喜致校长·244**
>
> 同样是管理一所学校，和平年代未必比战乱年代更轻松。在战乱年代，物质上可能会面临困境，但大敌当前，心灵上的同仇敌忾几乎是必然的，这样容易统一思想。在和平年代，每一天爆发的都是心灵的战争，如何去应对这一切，格外考验校长的智慧。

第二个方法：保障师生共读的时间。真正的师生共读是需要时间的。无论早上晨诵20分钟，还是午读半小时，或者晚上布置与阅读有关的家庭作业等，都是共读时间的保证。

仅仅用一个星期中的一两次课，这样少的时间是绝对不足以推动阅读的，而且这样还会给普通的教师以巨大的心理压力。因为教师

> **寄致校长·245**
>
> 时代变了：人与人之间的关系越来越脆弱，人与人之间联系的方式却越来越便捷，这意味着更多的交流机会，也意味着更多误会的诞生，更意味着威权式管理越来越难以进行。校长作为一位管理者，懂得更多更好地激励他人，已成为必备的技能。

们对课表上的时间安排有着近乎迷信的虔诚，一旦缩减了上课的时间，他们就会产生巨大的心理压力。

师生共读的时候，要注意教师和学生在同一时间读同一本书。或者教师大声读给学生听，或者学生拿着书进行朗读接龙，或者师生都拿着书，默默地在教室里面阅读……因为，绝大多数的中国教师，都没有被真正当成孩子好好爱过，他们自己在童年里并没有读到好的童书，自然不懂得童书的力量。真正好的童书，一定可以让教师更加了解学生的心理，甚至促使教师在不知不觉、轻松愉快之中，就在教育观、儿童观上，有着迅速的发展和成长。

在亲子共读上，最容易推动的时期当然是幼儿园到小学中低年级。这时的亲子共读，无论孩子年龄多大，如果在此之前没有经过多少熏陶，阅读能力尚未基本养成，那么在亲子共读的时候，都建议，先从阅读图画书开始。

图画书有一点类似于以前的连环画，但又和连环画不同。连环画的很多内容其实并不适合儿童。图画书是专门为儿童的精神世界量身打造的，通过选

> **寄致校长·246**
>
> 人生应该永远相信奇迹，但是，不应该永远期待奇迹。作为管理者，比如校长，如果必须期待奇迹，也只能期待自己创造奇迹，而不能期待他人身上出现奇迹——绝对不能。

择合适的图画书，也能够促进不爱阅读、不懂阅读的家长们提高对阅读的认识，让家长特别容易走进阅读的世界之中，和孩子形成精神上的交流。

另外，对于留守儿童来说，也一样存在亲子共读。关于这一点，可以有许许多多的解决方法。我一直想为此专门写一篇文章介绍。这里就只简单说一点：共读，未必是同一时间阅读同一本书。在城市里打工的家长，可以购买优质童书，在节假日回老家时，作为礼物带给孩子。在买到书后，家长们可以略微翻一翻内容，或者由专业机构给他们提供和孩子交流的合适问题（新教育萤火虫亲子共读公益项目就一直在做这件事），家长和孩子有所交流，就是共读。

> **喜致校长·247**
>
> 在工作中，校长当然不可能事必躬亲，但是，抓住教育教学具体工作中的某一项，哪怕是极小的一个切口，努力推进到力所能及的极致，却是管理的一条捷径：从校长的角度，可以窥一斑见全豹，对业务保持敏锐；从教师的角度，则会对内行，尤其是实战的校长更为信服。

> **喜致校长·248**
>
> 一个孩子在属于自己的地方，才会释放能量开始创造。一位教师在属于自己的环境里，才会投入精力甚至挖掘潜力。让师生真正成为学校的主人，永远都是校长要面对的重要课题。

一方面把阅读的效果强化，另一方面把阅读的方法简化，让更多人掌握可以操作的方法，这就意味着您不仅在号召大家向愚昧发起冲锋，而且还为大家配备了可用的武器。大家对您的抱怨，自然也就会少一些。

否则，阅读占用了刷题的时间，农家肥没有复合肥见效快，短期内考试成

> **喜致校长·249**
>
> 对管理者而言，评分、排名永远是重要的，不如此，将无法选拔出榜样，也就难以进行激励和引领。只是排名中需要注意，除了在空间中将人与人进行横向的比较，以此来看不同人的特点；还要从时间上对一个人进行纵向的比较，看一个人的现在和过去，以判断未来。这样的排名有着更多侧面，就更接近人性本身，就更能起到教育的效果，也就可以起到更好的作用。

绩有所下降，尤其是在中学阶段，那可不是什么美事。那时您势必要分心应对，而且肯定不会感觉幸福。

第三步，各种活动的跟进。

阅读活动的方式有很多。我在《智慧行动创造教育幸福——新教育实验十大行动理论与技巧》一书的"营造书香校园"一章中，从区域（教育局）、学校、教室三个不同层面，提供了十几条方法。我记得之前好像把书送给您了，所以就不在此赘述了。

在这里，我想强调容易被忽视的一类活动。

如果分类来说，可以分为专家引领和民间智慧两类。

一类是专家引领。无论从方法上进行宣讲，还是从精神上进行激励，所有和阅读有关的专家，他们必然是在这个层面做得超出众人的。

我特别想提醒的是：网络时代，足不出户就可以得到专家引领——

> **喜致校长·250**
>
> 节日分为两种：一种用来庆祝，多为人们"想做之事"，以放假为特征；一种用来鼓舞，多被人们临时抱佛脚，处理"应做之事"，以活动为特征。教师节属于哪一种呢？不言而喻。所以，平时重视教师的校长，未必重视教师节。功夫在诗外，重视在日常。

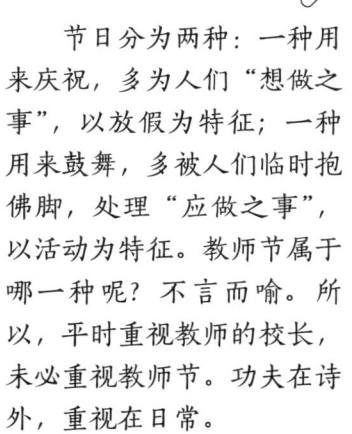

共同观看相关视频、相关直播，然后进行讨论，最终也会获得不错的效果。不过，共同观赏之后，务必要进行讨论，否则哪怕观看时很认真，实际效果也会大打折扣。

另一类则是民间智慧。这是我们时常忽视的一个方面：我们身边的阅读榜样。无论孩子、教师，还是家长，只要读得多、读得好，就必然会产生各种各样的精神上的成果。无论写、画，还是演，这些活动不断地把人们卷入其中，都可以促使人们在日常生活之中真正地爱上阅读。

在民间智慧的绽放上，特别强调要少用写的方式去评判，多用说的方式去促进。这既是我研究说写课程的起因，也是我研究以说写课程深化阅读效果的一个重要心得：读写之间说为桥。这也是被很多专家、教师验证的。在您所服务的辖区中，已经有不少优秀的榜样教师，以说写的方式实现了师生亲三方的共同成长。

于是，这里的民间智慧，等于又回到了第一步：树立身边的榜样。

由此一来，推动阅读，就可以自成为一个美妙的、正向的、积极的小循环。

> **喜致校长·251**
>
> 教育的目的，显然是在于让人热爱对自己进行教育，而不是让人痴迷教育他人。因此，校长要求师生平等的互相尊重，远胜于一味要求学生尊重教师。如果校长对师与生同等尊重，则会挖掘出两种智慧之源。

> **喜致校长·252**
>
> 校长在管理之中，需要特意多向教师抛出问题，千万不可代替教师进行思考，不断给予他们答案。否则，校长越来越累，教师越来越烦，效果越来越差。

什么时候让它自己循环起来，推动它的人就可以喘上一口气了。

让更多人从精神上觉醒，绝不是一件简单的事情。通过当地榜样的示范，通过以孩子为纽带的师生亲三方共读的前行，通过后续不断地引领和激励，相信我们一定能够在短时间之内，把阅读工作做得深入人心。

> **喜致校长·253**
>
> 谨慎当然有价值，这是人类最重要的防御能力。可是，最大的优点往往是最大的缺点，谨慎也最容易导致裹足不前。调配心灵中谨慎和勇气的比例，就是调整计划中现实和梦想的比例，就是调整行动中张与弛的节奏，这是校长智慧的体现。

一旦改变了一个地区的阅读风貌，就改良了一方文化的土壤，就能够既为传承发力，也为创新奠基，甚至是改进一方的风土人情，这是一件善莫大焉的功德之事。

在此，以这些班门弄斧的建议，特别对您表示由衷的敬意和祝福！

希望您的梦想早日实现！希望您在实现梦想的过程中，能够有更少的压力，更多的喜悦！

> **喜致校长·254**
>
> 激情者容易冲动，理性者容易冷漠，这些特质在正常人身上都不是大问题，到了管理者身上却会成为击溃长堤的蚁穴。无限度地找出自己的缺陷，无止境地挑战自我，是校长最苦的功课，也是成为一校之长之后真正的最大收获。

童喜喜

2019-08-18

三 让生命歌唱

每一位优秀的校长,都让自己的生命歌唱着引领众人的合唱。

生命是教育之本

在日常生活中，人们认为许多事物都是理所应当的，甚至认为有些道理是永恒不变的，人们之所以会如此目光短浅，主要是因为相对于世界的广博、社会的演变，人类的生命实在太过短暂。

比如，对知识的极端尊崇，是工业时代对人的要求。每个人都需要掌握一种专业技能，成为社会机器上的一颗螺丝钉、流水线上的一道工序。教育回应时代的要求，从而逐步走向知识第一。

人类的发展，正从工业时代向信息时代突飞猛进，知识第一的弊端由此愈演愈烈。

> **寄致校长·255**
>
> 不同的校长，有着不同的管理方法。如果一位校长可以兼顾对业务的引领和对事务的组织，那么，校长和学校会迅速迈向卓越。

> **寄致校长·256**
>
> 在一所学校里，正确的决策未必来自众人，但成功的结果必然来自众人。所以，校长的智慧就在于把正确的决策变成众人的智慧。哪怕仅仅是个人的智慧，也要攻心为上，变成大家的共识。

> **喜致校长·257**
>
> 沟通是管理者的基本能力。但是，沟通绝不仅仅意味着口才。以表情沟通，直观而便捷；以共读沟通，省力而深刻；以写作沟通，持久而细致；以行动沟通，无声而有力。这一切，都是校长可以根据实际情况信手拈来的沟通方法。

最直观的表现是当下儿童对生命的漠视。无论对自我的放逐甚至轻生，还是对他人的霸凌乃至杀戮，已经成为教育之痛。

更沉重的问题其实是隐性的，那就是在全社会蔓延的：因为对生命缺乏敬畏，病情的反复可以酿造残忍的医患纠纷；因为对生命缺乏尊重，懵懂的孩童遭受教师无情的凌辱；因为对生命缺乏关怀，行业赋予自己的服务他人的职责，变成了要挟他人的权力……如此种种，不仅是制度的缺失，更是教育从根本上缺少了时代前进需要的力量——生命第一。

将生命视为教育之根，这不是简单的对教育缺失的补充，而是信息时代对人的全新需求的回应。

对于个体而言，只有生命教育，才能把碎片化的知识融合为智识，成为把握知识、运用知识的能力；才能真正通过知识实现生命的超越。对生活而言，只有生命教育，才能弥合后现代对生命存在意义的消解；才能在解构之后重构；才能在多元中重新整合，实现完整；才能在迷惘中继续创

> **喜致校长·258**
>
> 评价是管理中的重要环节。校长在对教师进行评价时，需要同时注意教师的功劳与苦劳。对功劳的肯定，是对所创造价值的赞许；对苦劳的认可，是对努力的过程赋予意义，这两者相辅相成，缺一不可。

> **喜致校长·259**
>
> 与其说校长像船长，不如说校长像交响乐队的指挥。每一位教师都可以有各自的曲谱和乐器，但是，通过校长在节奏与音量上的调整，教师们就能合奏成一曲美妙的交响乐。

造，拥有幸福。对教育而言，只有生命教育，才能把教育之根扎进永恒的泥土之中；才能重现教育本义；才能在面向茫茫未知时，激发出生命的无穷潜力，勇猛无畏地探索。对于人类而言，只有生命教育，才能恢复对生命的敬畏，也就是恢复对人类自身的认知；才能让生命创造存在的价值；才能让生命发挥存在的意义；才能在创造这一切中真正创造并拥有未来。

1979年，世界上第一个以生命教育命名的"生命教育中心"在澳大利亚的悉尼成立，这标志着生命在教育之中被重新认识。生命教育分为三种。我们取一般意义上的生命教育，融合广义和狭义的生命教育之长，也就是关于生命的教育，即通过关注生命中的重大问题，帮助学生认识自我，珍爱生命，理解生命的本质和意义，从而以良好的状态尊重他人生命，创造自我生命的价值。

人的存在，不仅仅是肉体上的物质的存在。人的生命，是自然生命、社会生命和精神生命的综合体。后两者的出现，让人的

> **喜致校长·260**
>
> 管理不是控制。控制，相当于手握沙子，越紧越漏。教育中的管理，尤其是公办学校的管理，因为体制上的规定，不可能做到壮士断腕、破釜沉舟。所以，教育管理更像是解一个乱线团，需要顺势而为——从诸多纷乱之中，找到一个起点，耐心地往返穿梭，逐渐将它解开。

生命有了超越的可能。自然生命，是前提。人活着，本身就是生命的目的之一。社会生命，是丰盈。人是孤独的，个体和个体之间就像一座又一座孤岛，需要依靠社会的海水取得联系，互相依存。精神生命，是灯塔。总有一些人，生活在一群人之中，既汲取了众人的智慧，也淬炼出自我的精彩，更加充分地活出了生命的意义，从而成为人们对照自我的范本。

> **寄致校长·261**
> 开会是重要的工作方式。同样是开会，如果由校长或主持人一个人发言，叫灌输，效果肯定不好；如果是人人发言，叫协商，参与度肯定高；如果不愿灌输又没时间或不放心全员发言，则可以小组讨论，再将意见集中提交。工作方法不同，产生的效果也会不一样。

我相信，无论教师、家长还是学生，一旦清晰地认识到这三种生命的存在，认识到三重生命是教育之根，就必然会在行动上有所改变。

对于教师而言，教育扎根于生命，意味着教育不仅仅是一份工作，更是自身生命的一部分。如此一来，工作就会更容易唤起他们对生命的敬畏。

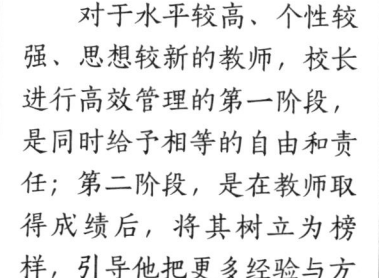

> **寄致校长·262**
> 对于水平较高、个性较强、思想较新的教师，校长进行高效管理的第一阶段，是同时给予相等的自由和责任；第二阶段，是在教师取得成绩后，将其树立为榜样，引导他把更多经验与方法和同事分享。

对于家长而言，教育扎根于生命，意味着家庭教育并不只是关注维持自然生命的吃喝拉撒睡，同时也注重社会生命的拓展、精神生命的提升。

> **喜致校长·263**
>
> 对于业务水平高的校长而言，管理重在引领，通过引领达成教师群体的进步，学校自然众人拾柴火焰高。对于业务水平一般的校长而言，管理重在组织，通过对不同教师个人特点的深入了解，把每个人放到合适的地方，让每个人发挥自己的强项。

对于学生而言，教育扎根于生命，意味着自然生命的健康是首要的。社会生命为当下搭建了更宽广的平台，精神生命给未来提供了更清晰的标杆，对社会生命和精神生命的认识，会促进学生对自然生命的珍惜。

将教育牢牢扎根于生命之上，意味着所有知识仍然是我们倾力探索世界的工具，只是，通过生命这一活生生的载体，我们将以美与善的方式，诠释与运用知识，从而不断超越自我，改善世界。

> **喜致校长·264**
>
> 如今的学校不仅是一个小的社会，而且是广大社会中矛盾格外尖锐之处。衣食无忧的人开始重视精神生活，无论现在是否理想，都把希望寄托于孩子的未来之上，凡此种种，都让教育、让学校成为承载矛盾之所。所以，今天的校长更像一个压力阀，需要不断旋转自身来调节各方的压力，确保整个系统的正常运行。

情是德之根

立德树人是教育的根本任务。然而，在智育发展日新月异的今天，德育的开展却显得举步维艰。

德育的困境究竟是什么？我们需要从德育的根本特性说起。

道德通过对个人自身的约束或促进，来规范个人与他人之间的关系，让群体的共同生活得以顺利有序地进行。德育是为了落实这种规范而诞生的。

个人与他人之间的关系，我们在日常生活中常用一个词来描述：情感。

一个人没有丰富的情感，就不可能有坚定的道德。坚定的道德，必然百炼才能成钢。人们常常用"大爱"来形容那些杰出的人，这里的"大爱"指的正

> **喜致校长·265**
>
> 绝大多数校长都在努力提高口才。口才的确是表达的核心武器，但在管理中，听的能力比说的能力更重要。倾听意见，是消除意见的最好方法，是形成共识的最佳起点。

> **喜致校长·266**
>
> 对一位理念坚定、思路清晰的校长而言，时间管理就是首要任务。归根结底，如何用同样多甚至更少的时间，做更高品质或更多数量的事，是影响学校发展的根本所在。

是这种有着丰沛的情感，从而坚定为他人谋求幸福的道德。

一个人没有正常的情感，就不可能有正确的道德。最简单的事例，出现在每一间教室里：每一位教师都知道，一个学生的德育问题，肯定和背后的家庭密切相关。

一个人情感匮乏，就会变得冷漠。这样的人，在漫长的人生之路上，表面上或许过得很风光，但在道德人格的内在成长上，容易失衡，从而会在人生中出现种种问题，形成内在的隐疾。

一个人情感变异，就会出现扭曲的道德。最终，这样的人在道德人格上无法得到发展，甚至会酿成灾难。希特勒就是最典型的例子。从史料记载里我们可以看到，希特勒在童年时期被父亲家暴、缺乏兄妹间的关爱、受到老师的冷遇……而他最初的理想是做一个艺术家，可见他的性格是比较敏锐细腻的。这些细节叠加在一起，换了另一个人来经历，或许并不会导致希特勒那样的恶果。但是，无数常理中出现的偶然，导致了情感足够丰沛的希特勒，在情感上出现了变异，他本来能够用情感感染、鼓

> **寄致校长·267**
>
> 性格并无好坏优劣之分，只有正反呈现之别。校长不应该也不可能改造教师的性格。校长能做的是尽可能地发现教师性格中积极的一面，并引导其积极的一面在工作中发挥作用。

> **寄致校长·268**
>
> 批评无法改变教师，反而会让其心生抵触。赞赏可以激励教师，甚至助其小步快走。"榜样+底线"的管理：底线靠制度，不必批评，只需执行；榜样是文化，以情感激发，以经验叙事。"榜样+底线"是具有人本主义特征的教育管理方式。

舞、号召民众，结果酿成了人类的灾难。

所以，对待同样的事物，有德者和无德者，会采取截然不同的行动。两者之间最大的差异，不在于知识上的认知，而在于一种若隐若现、变幻不定却又始终存在的物质。其实它并不神秘，它就是：情感。

基于情感在德育中起到的特殊作用，我们可以说：情是德之根。

理解情感之于德育的重要性，也就意味着我们在德育开展之中，要特别注意一些关键词。

比如自我。人们常说，自我教育才是最有效的教育。那么在德育之中，我们必须肯定：只有自我教育才能完成德育。理解了情感与德育的关系，我们才能懂得在一个人的生活之中，如何贯彻德育。尤其是在一个人生命的起始阶段，他收获的情感的多少，意味着他将有怎样的自我、可以有多大的动力、能够调动起多少自我教育、将朝向德育的哪个方向发展。

比如体验。理解了情感和德育

> **喜致校长·269**
>
> 方法和理念，互相促进。真正掌握正确的方法，必然包含对理念的习得。懂得理念的根本，一定能催生出更多方法。所以，校长引领教师，对喜爱读书者从理念开始，对偏好行动者从方法开始，对两种方式都无动于衷者从制定底线开始，最终达到殊途同归。

> **喜致校长·270**
>
> 信息时代，校长务必要具有"网商"——网络智商。正确打造学校网络平台，让学校拥有一张美好的网络名片；提升危机公关意识，积极面对各种言论，化堵为疏；通过网络深度学习交流，足不出户地走出去、请进来……这些都是校长的必备功课。

> **喜致校长·271**
>
> 校长新到一所学校任职，最混乱之处，往往是治理最有力的"穴位"。每个人都对新来的校长寄予一定希望，这是改变的原动力。

的关系，才能真切意识到体验对于德育的重要性。德育和其他的教育不同，教育之中的人、事、物，均无法单独完成德育。这是因为情感只有通过体验才能够进行传播。只有在体验之中，一个人才可能与他人建立联系。我们通过不同形式，会得到不同体验：我们进行阅读，是一种略显枯燥却能够产生"心流"的深层次体验；我们观赏影像，是一种丰富多彩、多重感官的体验；我们进行活动的模拟，是一种立体的、真切的体验；我们进行观点的辩论，是一种心灵与头脑中的抽象体验等。理解这些，有助于我们让德育的体验更多元。

比如抉择。体验是德育必经的途径，这意味着我们要想开展有效的德育，就必须创造更多的体验。但是，仅仅经历体验并不能够成为德育，就像我们将观赏电影视为娱乐一样，或许有潜移默化的效果，但不足以支撑德育的效果。只有在体验后，针对其中的冲突进行了选择，才能够完成一轮真实的自我教育，形成德育的闭环。这样的重复体验，最终会形成一个人明确的思维认知，甚至进入潜意识，达到德育的最佳效果。

> **喜致校长·272**
>
> 我们习惯了工业时代的管理：让每个人当螺丝钉，管理是约束，甚至是控制。信息时代的管理，尤其是对教师和学生的管理，目的是促进每个人发展，教会每个人进行自我管理。选对了方向，校长才会越来越幸福。

求真、求善、求美，是人类的永

恒追求。真善美本身，也在教育过程中起着不同的作用。德育对应着善，规范人们的共同生活只是手段，目的则是实现人与人之间的和谐共处。没有一个人是孤独的岛屿，美好的世界依靠情感润物无声的滋养，需要德育柔韧有力的奠基。

新时代，呼唤新的德育。

世事如海，人为锚。信息时代，科技导致"海面"越来越宽广，同时意味着风越狂、浪越急。新德育之新在于，它是一件内外兼修之事：于个体而言，是探讨在信息时代，个人如何创造自己的幸福；于群体而言，是研究人类在文化的剧烈碰撞中、置身于未知的宇宙下，如何相处、如何栖居。

新德育，新在多元化。

> **喜致校长·273**
> 对名利的分配，是管理中的重要一环。名利并不是丑恶之物，而是社会价值的体现。让所有教师在利益上能够君子爱财取之有道，在名誉上能够交口称赞实至名归，是校长的重要职责，也是对校长管理能力的检验。

> **喜致校长·274**
> 管理的战略可以不变，战术却要多变。尤其是更换一所学校，通常意味着背景、条件、团队各不相同，通常意味着要换一种管理方法。如果忽视这一点，老校长也会遇上新管理问题。

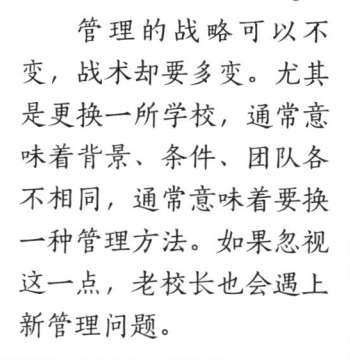

法律规定我们的底线，道德约束我们的上线。新德育充分尊重多元，尊重底线之上的每一种选择。我们认为，每一种选择，要么从不同侧面，要么从不同阶段，体现出每个人的道德律，也就是每个人的自我教育之果。

新德育，新在完整性。

既有的德育，要么维度单一，让

> **喜致校长·275**
>
> 一旦学校在教育的某一个方面出现重大问题，那绝不是这一个方面的问题，而是整体已经出现问题，只是呈现在这一个方面。最根本的，永远是人员和制度这两大问题。

美好的事物因强制手段而蒙尘，要么尖锐杂乱，借自由之名施无德之行。新德育以尊重为起点，以多元为基础，以抉择为手段，以规训为辅助，以自律为目标，致力于采用更多方法，协助人们看见更多侧面、迈向更高阶段，是为"完整"，以此帮助人们在内在中实现自我超越。

尊重认知的不同侧面、不同阶段，是内容上的完整；强调个体于内、群体于外并重地开展，是方式上的完整；要求教育中每一方都参加，是人员上的完整；既延续中华民族传统美德，又积极探索新时代的新观点，是价值上的完整……总之，新德育的完整性，恰如黑格尔的"正反合"之合，力图在传承中实现超越。

新德育，新在平等性。

教育工作中，社工、教师、家长、儿童，是德育中常见的四类人群。在传统德育中，通常是一方对另一方开展德育。我们认为，这正是德育工作开展易、见效难的重要原因之一，这是一种"德育工作智育化"的错误做法。在开展新德育过程中，每一方都绝对平等，每一方只是呈现自我思考，在沟通碰撞中完善个体认知，促进自我提升乃至自

> **喜致校长·276**
>
> 在行动中缔结的友谊，并不一定坚固。如果没有进行精神上的升华，那么行动中的友谊往往只是互利互惠的另一种体现。所以从精神上引领大家，永远是校长的追求。只是这种引领，既通过精神也通过行动，最终将两者合而为一。

我超越，影响对方，助其达成由内而外的自我改变，从而形成真实有效的德育。

新德育，新在浸润性。

德育之难，不仅难在工业时代下智育的剧烈冲击，也难在自身所能采取的方法上的局限。无论陶行知所说的"生活即教育"，还是杜威所说的"教育即生活"，只要认真审视生活和德育的关系，就难免发现不尽如人意的地方。

首先，生活时刻都是现场直播，一个人在德育上出现任何问题，都已经是德育的结果。此时再来采取措施，都必然是由外向内的力量，这与德育必需的内在认同相矛盾，必然会导致效果打折。

其次，教育是试错的过程，但是生活不会给人太多试错的机会，这也导致开展德育的时机不够多，从而导致难成习惯。

再次，信息时代的信息过载，生活中充斥的大量不良信息，是对德育的极大挑战，甚至是直接的伤害。这必然导致难扎根。

> **喜致校长 · 277**
>
> 如果说信息时代的教师是一种整合的艺术，是学会在工作之中做除法，运用知识，真正传授技能，那么信息时代的校长就是一种组合的艺术。学会在工作之中进行组合，能够把不同的人放在不同的岗位上，从而最大限度地发挥教师现有的实力，挖掘教师内在的潜力，以群体的力量创造出个体无法实现的辉煌。

> **喜致校长 · 278**
>
> 如果不去创造幸福，我们就没有资格要求幸福。对于校长而言，更是如此。所以校长要善于把寻求幸福变成全体的追求。而真正的寻求幸福，必然是一种智慧的劳动，而不是消极怠工或者拼命蛮干。

> **喜致校长·279**
>
> 我们可以从任何地方得到无数思想，但是用来"融化"思想的唯一途径，却是我们自己的激情。只有激情才能驱动思想，变成真正的行动，这时思想才能真正在心灵的土地上生长，才能有机会结出真实的果实。

新德育，以学校、家庭等物理空间，汇聚伟大事物，成为美好事物的中心，以影像艺术、模拟活动等方式，创设情境，进行抉择，让人们身心浸润其中，从而在反复试错的过程不断试炼，最终形成有效的德育，达到自我的不断超越。

新德育，新在思辨性。

传统的德育，从外部开展，多是规训和教化，从内部激发，多是诱导和传承。新德育的不同之处，主要在于它的思辨性，这体现在过程和内容两个方面上。

一方面体现在过程中，指在实施之中，因为尊重多元化、需要抉择而进行思辨，只有进行思辨，在自由抉择中，才能有效。另一方面体现在内容上，指对道德内容和德育自身的辨析，比如，女子不裹小脚曾被认为有伤风化，男子剪长辫曾被认为是杀头之罪，正是通过思辨，我们才能在辨析中完成德育的自我创新。

教育中，德育是最容易出现"闭门造车"的范畴。以思辨性促

> **喜致校长·280**
>
> 个性上的同一个特点，永远会呈现正反两个方面的结果。比如，一位善于坚持的人，必然比一般人更为固执。好校长永远会把正反两个方面同时纳入怀中，任何时刻，都不妄自菲薄，也不自命不凡，在面对问题时通过谨慎思考、独立判断，做出自己的回答。

> **喜致校长·281**
>
> 思想上的错误其实比行动上的错误更可怕，因为思想上的错误往往是隐性的，行动上的错误往往是显性的，所以行动容易改变，思想很难改变。好校长不管是面对自己的行动还是观察他人的行动，都善于从中发现本质，发现指导行动的思想，深层次去理解问题、解决问题，而不是就行动论行动，头痛医头、脚痛医脚，那会让自己陷入忙乱之中。

成德育的开放性，从而以新德育引领新进步。

然而，新时代德育的这些"新"，都建立在一个"旧"的基础上：情感。

情感堪称德育的本质。冷漠麻木是德育最大的杀手。如果说在工业时代，教育重在习惯，是人类以潜意识战胜机械化，那么在信息时代，教育重在情感，唯有情感才是人类领先人工智能之处。

著名教育家朱小蔓教授作为情感教育的奠基人和拓荒者，不仅以智慧做出了诸多开创之举，同时以言行予以了亲身垂范。

世事变迁越是迅速，就越需要深刻懂得、深切怀念前辈。是前辈昔日的创新，缔造了今天的璀璨。情感与学问，只有融为一根接力棒，才能在时空中，代代相传。

> **喜致校长·282**
>
> 工业时代，学习知识等于播撒成功的种子；信息时代，掌握技能才等于播撒成功的种子。如何通过学习知识促使技能的养成，这是处于信息时代的校长带领团队探索中的关键。结合学校的现实，找到解决问题的方法，校长就能毕其功于一役。

勇擎教育评价之剑

作为群居性的动物，人类无法避免他人的评价。就连个性张扬者，也在诗中满怀期盼："我坚信人们对于我们的脊骨／那无数次的探索、迷途、失败和成功／一定会给予热情、客观、公正的评定／是的，我焦急地等待着他们的评定。"

> **喜致校长·283**
> 问题越严重，根源就越有可能深藏在家庭之中。校长激发教师潜力的重要方法是"功夫在诗外，工作在校外。"家庭状态影响教学心态。

> **喜致校长·284**
> 教师在工作上出现问题，原因多种多样，归纳起来，无非是校内人际、自我能力、家庭状态。如果抓住三者齐头并进，校长就能更加高效地激发出教师的潜力。

对教育而言，评价更为重要。

外界给予的评价，是对人或事的审核；内部给予的评价，是人与事对自身的反省。

评价就像一盏灯，照亮身处的暗室；评价就像一把火炬，协助人们迈上征途；评价就像一把剑，协助勇敢者不断开拓。

单刃为刀，双刃为剑。所有的剑，都有正反两面。

教育是一把双刃剑。

好的教育，能激发人的潜能，不断带领人类攀登新的高峰。不好的教育，轻则压抑创造力，让人碌碌无为，重则把人变成魔鬼。

教育评价，更是一把双刃剑。

在这个终身学习的时代，教育评价贯穿于人的一生之中，尤其在生命最初的时刻，正是教育评价在引导着人、规范着人、塑造着人，助其长成教育评价所期待的样子。好的教育评价，引领和成就好的教育。不好的教育评价，则和错误的教育一样，会危害每个人。

> **寄致校长 · 285**
>
> 所谓团结，不是把所有人变成一个人，而是让所有人，认清自己的优点和缺点，从而心甘情愿地补充对方所缺乏的那一部分，并把自己的缺陷坦然交出来，由对方来弥补。这样的团结，才是共赢的团结，才是校长最需要追求的团结。

> **寄致校长 · 286**
>
> 一个人在生活中受尽挫折，难免会变得愤怒、厌倦、满怀仇恨。但是，如果一个校长没有在生活中受过挫折，他又如何懂得把教育理念化为现实行动呢？因此，校长超越愤怒，超越厌倦，超越仇恨，就意味着对自我的超越，对教育的超越，甚至是对人性的超越。

在任何时代，教育都是社会稳定的基石、文明进步的阶梯，教育自身必须以稳取胜，不可朝令夕改。

探索，则是创新。所有的创新都是对旧有事物的突破，都有着失败的可能。

进行教育探索的人们，正走在一条未知的教育之路上，教育评价在此时尤为重要。

> **喜致校长·287**
>
> 所有真正的对话，都出现在两个灵魂相近的人之间。因此，校长和学校之中其他人的对话，往往只是校长的内心独白。正因如此，校长不可以放弃对话，也不可以对语言的交流寄予过多希望，而要更多地用行动来发言。

中国人早就习惯了"分分分，学生的命根"的生活，但也对这样简单粗暴的评价深恶痛绝。国家不断推进素质教育，将《中国学生发展核心素养》确立为学生们的"精神食谱"。有识之士也群起响应，力图通过改革教育评价，将教育评价从外部的问责，转化为自省和发展，更多地服务于每个人、每件事，让每个人因为得到正确评价的指导，而走得更快、更稳，让每件事因为得到正确评价的匡正，而做得更快、更好。

可是，对于研究教育评价的人来说，研究教育评价这件事，也成为一把双刃剑。一方面，这种系着教育根本、牵一发动全身的教育研究，具有重大价值。在中国这个重视教育的大国，更有着奠基性的意义。另一方面，这把双刃剑不仅锋利，而且沉重，需要格外丰富的积累，格外谨慎地尝试，格外卖力地挥舞……

> **喜致校长·288**
>
> 当我们强调要无限地爱学生时，我们必须意识到儿童是有弱点的。当我们强调要无限信任教师时，我们必须意识到教师同样是有局限的。只有这样，我们才可以在寄托希望之后，不至于彻底失望；才可以在进进退退中，仍然坚定着前行的方向，并且通过坚持，最终实现我们的目标。

对于那些在教育的探索中，以一己之力，不管不顾拼命前行的人，不管是获得喝彩的成功者，还是在征途中骤然倒下的失败者，我们都永远报以尊敬。我们对后者的怜惜、叹惋，甚至超过了对前者的钦羡。

公众教育创始人张勇先生，耗半生之力投入教育评价研究中，其成果得到了诸多人的认可。虽然他于51岁猝死，诸多研究也由此尘封，但他无疑是值得我们尊敬的人。就如丘吉尔曾经说过的那样："这个世界对毫不在意家庭、金钱、舒适、地位，甚至权力和名誉的人，自然会报以某种敬畏。"

在信息时代，在个体不断崛起的时代里，教育评价，将越来越多地彰显出本身的要义：一个人对自身的反省，一件事对自身的复盘。

教育评价将以科学的方式，帮助人们不断完善自己，向着自身选择的方向迈进。

那些高举教育评价之双刃剑，全力以赴研究和推行教育评价改革的勇士们，亦将在这一过程中，不顾一切，成为自身。

喜致校长·289

学校就像一条船，我们常常把校长称为船长，可是在船上的每一个人都要做好掌舵的准备，才能够更好地完成自己本身的使命。所以，卓越的校长，就在于能够巧妙地把自己的使命变成大家的使命。最简单的方法就是把校长的工作分解为大家的工作，让大家尝试着共同进行。

喜致校长·290

丘吉尔说："当真相在穿鞋的时候，谎言已经跑遍了全城。"其实，比这句话更可怕的是中国人常说的：好事不出门，坏事传千里。所以对一位校长来说，在工作中学会如何表达成绩、如何传播成绩，这一点的重要性绝不亚于学会如何管理、如何行动。

童书电影课

同样是电影，对于成人和对于儿童，功效大不一样，意义也完全不同。

对于成人而言，电影更像逃离现实的避难所。在周围漆黑的那一段时光里，成长就好像进入了另一个世界，逃脱了现实纷扰。因此，电影对于成人而言，最大的功效是娱乐，其次才是潜移默化的教育。

> **寄致校长·291**
>
> 每个人都需要尊严。校长的尊严，恰恰是通过对他人的尊重体现出来的。当一位校长发自内心地尊重教师、尊重学生时，他所拥有的尊严，是一种不怒自威的力量，是一种让人心悦诚服的魅力。

> **寄致校长·292**
>
> 如果今天是你在学校里的最后一天，身为校长，你会用怎样的心情看待一切呢？你会用怎样的行动表达内心呢？记住这种心情和行动，就能最大限度地创造出属于校长的幸福。

对于儿童而言，电影则是魔力无穷的聚宝盆。儿童没有需要摆脱的过去，却有着长长的明天在等着他们。因此，电影对于儿童而言，更会因为信任而起到教育效果，而且这种教育寓教于乐，分外轻松也分外有效。

一部电影，就像一段梦境，似真似幻。

儿童充满幻想，充满激情。年龄越小的儿童，越无法将自身与世界区分开来，就越会将所有事件视为虚实相兼，从而无法分清梦想和现实。这种感同身受，恰恰是教育之中最需要实现的心灵共鸣。因此，一部电影，对于儿童的影响力，有可能是烙印一生的精神图腾。

一部电影，就是一段人生，跌宕起伏。

欠缺经验，是儿童成长中最大的障碍。电影用短短的百余分钟，以艺术的方式，高度浓缩人生中的悲欢离合，集中呈现生命的酸甜苦辣。无论画面，还是音乐，所有艺术手段，都只是为了烘托出最真实、最强烈的效果。当沉浸于这段虚拟的人生之中时，儿童会为之欢呼雀跃，为之百转千回，也会对人生的体验有着更加直观的感受。

学习是儿童生活中不可或缺的一部分。所有的学习，本身就是生活，学习的目标归根结底也是生活。生动鲜活的电影，正好位于抽象的图书和琐碎的生活之间，比图书易懂，比生活简约。通过电影，我们可以洞见世

> **喜致校长·293**
>
> 梦想和现实的冲突，远远没有我们通常以为的那么大。所有梦想的萌芽，都诞生于现实。然而，现实中原本存在的幼苗，也一样会夭折。现实就是现实，不仅有土地，也有风霜雪雨，关键还是如何呵护栽培，而这一点靠的是智慧。

> **喜致校长·294**
>
> 永远不要以为你和一个人已经很熟悉，"出乎意料"这个词只为你最熟悉的人准备。对于校长而言，需要的不是和对方熟悉，而是自己有足够大的胸怀和足够强的能力，这样才能够将一切陌生都化为熟悉，同时将一切意外都化为平静。

> **寄致校长·295**
>
> 批评式思维甚嚣尘上，归根结底不过是对某种匮乏的心理的补偿，并非正确的思维方式。无论学术研究，还是现实生活中，正确的思维方式是审辨式思维：独立思考，审慎辨析，有弃有扬，有批判有汲取。

界，洞悉教育。

花鸟虫鱼，山川湖海，历史人文，科学自然……几乎所有的一切，我们都可以在相应的电影中找到。因此，我们可以把电影视为一种新的教学载体，把电影作为一种新的教育方式，而不是单独的一门课。也就是说，任何内容的课堂，都可以通过电影展开。正如李西西所说的，"电影是教育的扩音器"。

那么，童书电影，则是儿童世界的放大镜。

童书，是滋养儿童心灵的传统法宝。这些为儿童量身定做的精神食粮，符合儿童的身心特点，为儿童的成长提供着针对性极强的养分。

童书电影是对童书的二度阐释。它在优秀童书的基础之上，以影像固化着童书中的形象，同时也以影像发掘和丰富着童书的内涵。

以童书电影为素材的电影课，因为童书本身具有对儿童独特而深刻的感染力，从而有别于一般的电影，因此，它的教育功能比一般的儿童电影更为显性。

对于已经读过童书的儿童，童

> **寄致校长·296**
>
> 博学之，审问之，慎思之，明辨之，笃行之——博学是审问的前提，否则问题越详细只会越啰唆；博学和审问是慎思的基础，否则思考越慎重反而越繁杂；博学、审问和慎思，是明辨的条件，否则就会视而不见；博学、审问、慎思和明辨，都是为了笃行。

三 让生命歌唱 / 155

书电影可以加强他们对童书阅读的深化。导演如何选材、角色如何扮演，这些都会在电影和内心幻想形象的对照中，促进儿童对童书的理解。

对于尚未读过童书，甚至是对阅读不感兴趣的孩子，童书电影则会激发他们对阅读童书原著的兴趣。毕竟影像的吸引力远比文字更为直观。

对于所有大人而言，陪伴儿童看童书电影，也是汲取强大正能量的美好体验。因为受益于童书中积极的世界观，童书电影也有别于一般的面向成人的电影，有着一股蓬勃向上的力量。

观赏电影，本身就是广义上的阅读。在童书与电影的这种对比阅读之中，读者不仅仅可以留意、观察电影与童书的异同，还可以使两者始终处于互相促进、彼此激发的状态。因为观赏童书电影而爱上阅读，因为观赏童书电影而实现更好的阅读效果，因为师生共赏、亲子共赏而在沟通交流中促进了关系、增添了感情、提升了学业——这样的事例，在童书电影课的开展中，已经屡见不鲜。

寄致校长·297

现代生活十分繁杂，校长事务又很琐碎，保持平和宁静的心态很重要。有一些方法：阅读图书或观赏电影；确定一个自己的爱好并沉浸其中；采取某种方式把自己的所得与他人分享；参与一个没有功利色彩的儿童活动……这些都有助于校长营造宁静的心态。

寄致校长·298

复杂的社会、动荡的际遇，让无数成年人都想逃。每个人都有的可逃之处就是自己的心。除此之外，校长还可以逃往另一个地方：学生的身边。通常求学者的心中都满怀进取的力量，这是校长最大、最稳定的力量之源。

寄致校长·299

没有主见的人是不敢争论的。问题是，一位有主见的校长也不敢争论。能够把自己的想法化作其他教师的想法，是校长最大的成功，也是开展所有工作的最大秘诀。一旦如此，不仅在工作安排上更加容易，在工作执行上也会更加轻松。

童书电影课，以童书和电影联手的力量，为儿童打通现实的铜墙铁壁，搭建通往理想的天梯。我们完全可以预言：在信息时代的大潮中，童书电影课在教育中不可小觑的力量，才刚刚开始显现。

寄致校长·300

随着时光流逝，的确会有越来越多我们曾经十分重视的东西，开始变得微不足道。校长从事管理，阅遍人心，疲惫更深。但是，我们不能忘记，忽视某些事物，正是时光给我们的馈赠——删繁就简，是为了让我们有时间向真正值得珍惜的事物，投去炽热的目光，就像我们还是婴儿时，专注地凝望世界的目光一样。

教育如戏

人们常说，人生如戏。

的确，戏剧是人生的缩影。

在戏剧的小小窗口里，呈现着人生诸多的悲欢离合。幕启幕落，就是几生的辗转。

> **喜致校长·301**
> 创造未来，需要让思想穿透昨天和明天，而把所有行动全部留在今天。

只是，在真实的人生中，跌宕起伏只是转折，更多的则是平淡如水的时光。在戏剧里被浓缩的人生，难免会有所变形。

和人生相比，其实，教育更加如戏，尤其是好的教育，需要具备诸多戏剧本质上的特点。

好的教育，需要像戏剧一般渲染情境。戏剧能够让人在不知不觉间深陷其中。好的教育也需要让学生完全

> **喜致校长·302**
> 宁静和沉默，表现出的外在可能相似，本质却完全不同。宁静是一种舒展，沉默是一种压抑。宁静是一种心灵的敞亮，沉默却是一种自我的封闭。所以，真正区分这两者，便于校长把自己的心灵调整到宁静的状态，从而更加有利于孵化新的思想。

> **喜致校长·303**
>
> 确定了自己的行动，也就等于确定了人生的意义。关键在于，我们要随时随地、坚持不懈地行动。即使是错误的，也好过躺在床上度过一天又一天。

投入其中，师生共情，从而情通理达。

好的教育，需要像戏剧一般蕴含深刻哲理。戏剧不仅在形式上有着吸引人的故事，也能够让观众在回味反思之中获得力量。好的教育也应该寓教于乐，催人奋进，催人知行合一。

好的教育，需要像戏剧一般有着节奏鲜明的起承转合，彼此之间却又衔接自如。好的教育也要张弛有度，能够在不断推进之中收放自如，让人不觉疲惫。

好的教育，需要像戏剧一样独具匠心。戏剧的优秀，在于暗含充满鲜明个性的设计，但是看上去却又自然而然。

好的教育，需要像戏剧一样令人回味无穷。戏剧在很短时间里浓缩人生，让人饱览精华，激发思考。好的教育也需要在有限时间里汲取更多前人创造的知识，从而启发后续的更多行动。

好的教育，需要像戏剧一样有着不同角色的配合。戏剧的导演在幕后，演员在台前，灯光、道具等相关人员无不全力以赴。在教育中，教师如导演，虽为灵魂人物却不能成为主角，不能抢戏；学生如演员，每个人各有特色，必须被发

> **喜致校长·304**
>
> 校长固然需要真抓实干，但是，生活在一个工业时代向信息时代转型的时期，校长首先要做的是把握方向。方向对了，哪怕如履薄冰，只要小心谨慎就可避免危险。方向错误，则危如累卵，行动越多，结果越会南辕北辙。

掘；家长等相关人员必须紧密配合，才能促使戏剧有着最好的呈现。

教育和戏剧之间的相似之处，数不胜数。因为两者之间有着如此多本质上的接近，所以教育戏剧这种教育手段，也具有独特的魅力。审美能力、表达能力、动手能力、沟通能力、合作能力……各个方面的能力，都可以在一场戏剧的排练中得到潜移默化又淋漓尽致的提升。

正因为教育戏剧有着如此多的优点，新教育实验才十分推崇形形色色的教育戏剧。其中，和一般的教育戏剧相比较，新教育最倡导的一类教育戏剧，以"生命叙事剧"为代表。

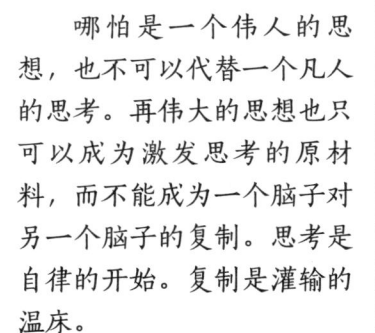

> **寄致校长·305**
> 在现实面前，再优秀的教育工作者，恐怕也有10000次感到自己软弱无力。唯一不同的只是：有的人会站起来10001次，向着自己无能为力的地方，使出自己最后那一点力气。与其说这是一种坚持的行动，不如说这是一种拥抱现实的英雄主义。所有真正的希望，必然诞生于绝望之处。

> **寄致校长·306**
> 哪怕是一个伟人的思想，也不可以代替一个凡人的思考。再伟大的思想也只可以成为激发思考的原材料，而不能成为一个脑子对另一个脑子的复制。思考是自律的开始。复制是灌输的温床。

顾名思义，生命叙事剧在戏剧之中呈现为生命叙事的特色。

生命叙事是一种教育叙事。一间教室里或一所学校里的教师和学生，每一个人都在经历一段时间之后，对自己的人生进行一次总结和反思，以便更为智慧有力地迈出下一步。

> **喜致校长·307**
>
> 在一所条件不好的学校任职，一位校长证明自己治校决心的最有力做法，就是把自己的子女放在自己的学校里读书。

生命叙事剧，则是一种以生命叙事为本质，以戏剧为形式，以共读为基础，促进师生成长的戏剧课程。从这三个特点出发，生命叙事剧有着三个要求。

第一，生命叙事剧必须让每个学生都参加。一般的戏剧演出可以遴选优秀的学生作为表演者，以提高戏剧的表现力，但生命叙事剧更重视每个学生在戏剧中的成长，重视每个相关人员在过程中汲取的不同力量。所以，它强调学生必须全员参加，同时也呼吁家长共同加入，让戏剧的排练与演出，成为家校共育的一次良机。

第二，必须找到生命和戏剧之间关键的衔接点。只有为不同年龄、不同特点的学生，选择最适合当下发展需求的剧目，才能将学生的生命融合在特定的戏剧之中，让学生在当下的年龄、相应的需求之中，从相应的戏剧里汲取最适宜的营养，从而在潜移默化中得到发展。

第三，生命叙事剧应该建立在对剧本进行深入的阅读和研讨之上。只有对剧本深刻理解，才可能有深刻的反思。所以，生命叙事剧本身就是深化阅读的一种有效的形式。

> **喜致校长·308**
>
> 激情下的勇敢，通常只是莽撞。平静中的勇敢，才是真正的胆识。校长的工作是带领众人扎根大地、仰望星空，这就要求他拥有足够的勇气，在日常生活中对抗庸碌。

除了教育戏剧常见的优点，生命叙事剧还有着三大优点：第一，能够培养良好班风，让全班师生紧密地团结在一起；第二，能够培养学生的自主能力；第三，能够培养学生的阅读能力。

新教育的生命叙事剧，并不是一个简单的戏剧课程，而是一个真正的综合课程。它真正让教育如同一出精彩大戏，吸引学生，激发学生，引领学生。

教育如戏，让自我教育水到渠成，让师生享受演出，享受教育的幸福。

> **寄致校长·309**
>
> 房子让身体有了栖息之地，却常常把灵魂禁锢。学校旨在培育一种精神，却往往沦为诸多物质的竞争。理解悖论，未必可以破解，但可以立足现实而不囿于现实。

> **寄致校长·310**
>
> 校长要从教师身上找出长处，进行激励，进行组合，并开展行动。但是，这些长处必须是经过验证的，因为一个人自以为的长处，未必就是他真正的长处，自视过高和自卑自贱一样普遍。

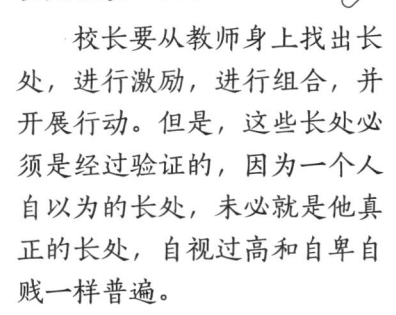

让生命歌唱

> **喜致校长·311**
>
> 没有校长不忙碌。两件事能够造就不同的校长：第一，校长是否为最重要的事安排出足够多的时间？第二，校长在业余时间最常做什么事？后者是输入，前者是输出。

不是所有国家，都重视晨诵。

比如在美国的主流教育中，诗歌作为教育内容的重要组成部分，并没有相对完整的晨诵课程。相对于更强调科学生活的西方文明，东方文明更重视诗意地栖居。正如林语堂所说的那样："平心而论，诗歌对我们生活结构的渗透要比西方深得多，而不是像西方人似乎普遍认为的那样是既对之感兴趣却又无所谓的东西。……诗歌在中国已经代替了宗教的作用。"从孔子的"不学诗，无以言"，我们可以清晰地看见东方文化的浪漫。

不是所有诗歌诵读，都可以称

> **喜致校长·312**
>
> 最好的教育方法是润物无声。最好的改革方式是静水流深。两者有个共同点：循序渐进。因为校长面临的日常事务甚多，所以需要给自己制定明确的目标。否则，渐进容易变成健忘。

三 让生命歌唱

为新教育晨诵。

无论在理念上还是在操作上，新教育发起人朱永新对新教育晨诵与中国古代蒙学、读经（经典诵读）运动、华德福的晨诵、一般诗歌教学这四种常见的诗歌诵读活动进行过梳理和比较，并指出了诸多异同。

> **寄致校长·313**
> 思考可能十全十美，行动却永远不可能尽善尽美。优秀的校长，是能够把失败的可能埋藏在心中，用成功的希望点燃火炬的人。

扎根于中国古代蒙学的优秀传统，新教育晨诵重在行为习惯、核心素养的养成，适度地提供适龄的相关知识。但是，古代蒙学教育使用的读本，多为根据当时需求并针对儿童的临时写作，是当时的非经典。新教育晨诵则强调诵读内容的经典性，是依据新教育理念，从古今中外的诗歌中遴选出来的。

和读经运动一样，新教育晨诵也强调内容的经典性和大声朗诵的形式，但是，读经运动强调为未来做准备，新教育晨诵则特别重视诗歌内容在当下对生命的滋养。

> **寄致校长·314**
> 一群人，可以做出一个人做不到的事情；一位校长，就是要引导一群人做出这样的好事。校长指示的方向，会成为人们追寻的方向。如果校长站在美好的那个方向，人们自然而然就会朝向美好的那个方向。

华德福的晨诵强调仪式感，这一点被新教育晨诵所汲取。但是，华德福晨诵每天诵读的诗歌基本上是相同的，新教育晨诵则是一个系统的课程，操作方便，效果显著。

和一般诗歌教学相比，两者都符合课程需求。但是，传统诗歌教学强调儿童对知识的准确理解，晨诵则强调儿童在内容上的浪漫感知，所以，诗歌教学是语文教师的工作，新教育晨诵则可以由所有学科的教师主持。

总体来说，和传统晨诵相比，新教育晨诵有一个最大的特点：传统晨诵以诗为中心，新教育晨诵以人为中心。

> **喜致校长·315**
> 一位善于点燃人的激情的校长，一定是一位做事事半功倍的校长。因为情感是教育最大的源泉，而且是一个可以源源不绝地提供丰沛动力的地方。

这个颠覆性的改变，是新教育晨诵课程的突破性创新。

由于这一教育主体的截然不同，传统晨诵和新教育晨诵从这一原点出发，走出了两条渐行渐远的路。

因为以诗为中心，无论从传统晨诵中，还是从传统的诗歌教育中，我们随处都可以见到它们对诗歌的关注。从准确理解诗歌的字、词、句，到深入了解作者的生存状态，再到详细还原诗歌的创作背景……无论教材还是诗集，我们常常能够在以诗为中心的很多诗歌读本中看到一个称之为"赏析"的板块，这一重点内容的重要使命，就是欣赏和分析诗歌。这是在以诗歌为主体的读本中必然会发生的现象。以诗为中心，其实就是以知识为中心。几千年以来，人类习惯于在浩瀚的知识海洋里，不断汲取

> **喜致校长·316**
> 一位沉默的校长可以鼓励教师说话，一位风趣的校长可以引导教师说话。所以问题的关键不在于校长的性格是怎样的，而在于校长希望带领大家走向怎样的方向。

三　让生命歌唱

知识，不断学习成长，并且对这一模式已经习以为常，因此也对"学海无涯苦作舟"的描述大加赞赏。

因为以人为中心，它所关照的自然而然是人，是生命本身。因此，新教育晨诵秉承"以人为中心"这一根本理念，以此为出发点，以读者为主体，以满足对生命的渴求和对生活的需求为目标，不断进行细节上的调整。无论结合不同情境进行不同的诵诗，还是对诗歌内容进行改编，强调与生活的"编织"、对生命的"叩问"，无一不是以具体方法细致入微地关照生命，关照心灵。

因此，在新教育晨诵中，诗歌的诵读不再是从外向内的灌输，而是读者的心灵与所读诗歌发生的共振，是水乳交融的阅读。在这样的晨诵中，诵读的诗歌不仅属于作者，属于过去，而且属于读者，属于现在。当读者发自内心地诵读一首诗歌时，这首诗歌就成为读者的再创造，成为读者内心向外涌现的甘泉。

任何研究都是寂寞的，任何探索都是艰难的。新教育晨诵之所以能够取得今天的进展，也是因为它经历了一番漫长的跋涉。

2000年，新教育实验刚刚萌芽时，朱永新老师就组织团队编写、出

> **寄致校长・317**
> 把教师群体的功劳归于自己是最危险的事情，这对于一校之长而言尤其危险。不过，也有一个有趣的悖论：当一位校长总是把功劳分给教师时，教师们则会创造出更多成绩，并且心甘情愿让功劳属于校长。

> **寄致校长・318**
> 好校长会带领全校热爱运动，一方面强健自身，另一方面引领众人——身体上的虚弱，容易导致精神上的孱弱。

> **寄致校长·319**
>
> 教育往往是希望的另一种说法，人们总是对明天满怀希望，所以才会对今天的教育格外关注。校长就是为一所学校里的所有人提供希望的使者。他有责任把积极乐观的信号，通过自己的言行传达给每一个人。

版了《中华经典诵读本》和《英文名篇诵读本》，并且在湖塘桥中心小学等部分学校，开始了新教育的晨诵实践。早期的新教育晨诵，已经呈现出扎根本土、怀抱世界的鲜明特点。

2002年，昆山玉峰实验学校成为第一所新教育实验的挂牌学校，正式推出"一条主线——诵读活动"，明确制定了新教育晨诵的实施内容与具体方案：低年级选择朗朗上口、通俗易懂的诗歌，中年级选择难度适宜的诗词，高年级选择优秀古文和古代学者的哲理文章。将诗歌学习规律和儿童成长规律相结合，这一原则迄今为止仍在被遵循着。

2007年，新教育正式推出"晨诵、午读、暮省"的新教育儿童生活方式，开始把晨诵以课程的形式，广泛推广至新教育实验学校。

2016年，新教育首次提出新教育晨诵的理论体系和操作纲要。其课程设计原则为：吻合儿童的身心发展、吻合诗歌的学习特点、吻合生活的情境变化、吻合学校的学习节律。其课程内容主线为：扎根传统，大力弘扬

> **寄致校长·320**
>
> 所有的教育都是一场跋涉，也是一次旅行。它让我们出发去寻找更多的知识，也让我们一路上不断回归内心，与自我再次邂逅。一位校长是一位战士，也是一个诗人，他需要用行动去披荆斩棘，也需要用美好的语言，去鼓舞更多的人。

中华民族优秀传统文化；立足中国，展示祖国之美，激发家园之爱；拥抱世界，以五大洲的文明为谱系，激荡全人类共通的思想与情感。在此基础上，新教育还研发出版了从幼儿园到高中的《新教育晨诵》系统教材。

> **寄语校长·321**
>
> 一位好校长必须要学会做白日梦。只有这样，校长才可能既有勇气，又有策略，才能让梦想更好地照耀现实，让现实变得无限接近梦想。

在十几年的一线践行中，新教育晨诵作为一个简便而不简单的阅读课程，产生了让许多人惊叹为奇迹的效果。

广西壮族自治区百色市百色高中的黎志新老师，从2003年9月3日开始，受朱永新在论坛上发布的《"朱永新成功保险公司"开业启事》帖子影响，开始成为一位坚定的新教育践行者。

作为一名高中教师，而且是常常教高三的教师，黎志新自嘲为"应试狂徒"，和学生们生活在高考的高压线上。她曾经远赴广东开平市的一所高中任教，5年教4届高三，曾经带出过市状元、省状元。在百色高中任教时，她也同样取得了类似的高考成绩。这样的生活，似乎应该远离风花雪月。

> **寄语校长·322**
>
> 为了实现一个真实的梦想，校长需要成为一位催眠师，将身边的人催眠。校长能够将越多的人暗示催眠，让这些人提前进入所描绘的梦想之中，这个教育梦想就能够越早实现。

然而，黎志新认为，自己的学生能赢得高考的秘诀之一，就是新教育晨诵。

黎志新通常会教两个班的语文课程，担任一个班的班主任。在一寸光阴一寸金的高三，每位教师都对学生的时间争分夺秒。由她担任班主任的那个班，她能掌握的时间相对灵活一些，开展晨诵的条件也比较好。她只担任语文老师的那个班，每周只有两节早读，无法坚持晨诵。

困难是懒惰的借口。办法是梦想的翅膀。为了能够开展新教育晨诵，黎志新想出一招。她向全班同学征求意见："你们平时上课都非常辛苦了。不过，你们愿意每天晚自习后，用5分钟的时间读一首诗吗？"

> **寄致校长·323**
> 校长对下属，再不切实际的鼓励，也比过于苛刻的批评要好。不切实际的鼓励，可能会激发出狂妄，但好歹会有现实对其进行约束。过于苛刻的批评，则会引发自卑或者激发愤怒，这些都需要校长进行补救，否则大家就会容易在心理上崩塌。

区区5分钟而已。她的请求得到了同学们的"批准"。于是，在她担任语文老师的那个班里，晨诵改成了"晚诵"：由她提供诗歌，课代表抄写在教室里的黑板上。每天晚自习后，她来到教室，运用新教育晨诵的方法技巧，和大家一起诵读诗歌。

> **寄致校长·324**
> 人们赞颂秋天，因为秋天带来收获。校长需要让大家在心中一直看得见秋天，只有这样，才能让大家在身处其他季节时安心劳作。

没读几天，孩子们发现这和一般的诵读方式大不相同，并且开始喜欢上了这种不一样的诗歌诵读。有一天，黎志新忙于其他的事情，抄写诗歌晚了一些，学生们担心她不再带着大家诵读了，就有学生主动来找她询问情况。她趁热打铁，再次征求意见："其实，新教育晨诵，如果真的在早晨诵读，会取得更好的效果。你们愿意每天早晨用5分钟的时间一起晨诵吗？"就这样，黎志新在她仅仅担任语文老师的班级里，赢得了每天诵读10分钟的时间。

在这些年的研究与践行中，新教育晨诵作为一个综合课程，明显地呈现出五大功用：它是一种仪式，叩问自我，激发生命的内在活力；它是一种艺术，享受韵律，沉醉于美的熏陶濡染；它是一种感悟，日积月累，在调节压力中健全心智；它是一种精神，共读共情，创造幸福明亮的状态；它是一种传承，中外古今，汲取人类文化的精粹。

> **寄致校长·325**
>
> 所有的痛苦，可以是财富，也可以是伤害。作为财富的痛苦是磨砺，作为伤害的痛苦是磨损。一位好校长可以清晰地分辨二者，从而正确对待自己所遭遇的痛苦，也正确对待他人。

正因为在高中的高压下，对新教育晨诵的这些功用，黎志新有着比小学教师更为深切的感受。正如朱永新所说的，新教育晨诵能够"擦亮每个日子，呵护每个生命。"在一天的开端，以一首诗为载体，激活新的一天，让心情变得振奋，让学习变得积极，让生活变得诗意，这样的状态下，考试成绩怎么可能差呢？

> **寄致校长·326**
>
> 仪式和形式，一字之差，效果却截然不同。对于形式，人人深恶痛绝，对于仪式，人人受其鼓舞。二者的区别就在于，每颗心是否真正融入活动之中，每个人是否真正成为活动的主人。如果掌握了这一点，校长就可以把日常活动演变为教育的仪式庆典。

对于遵循教育规律的研究者和践行者来说，考分永远只是额外的奖赏。新教育人用科学的研究，扎实

喜致校长·327

所有教育都是命运馈赠的礼物。好礼物是无价之宝,坏礼物也可能标着昂贵的价格。校长其实是一位拥有着无限财富的主人:他可以生产这种礼物,并且可以送给孩子,也可以送给大人。

的行动,为中国教育探路,用成绩默默宣告:以幸福完整为目标的教育,不是理想,而是现实,不止有花的艳丽,更有着果实的芬芳。是的,就在此时此刻,教育,仍然可以诗意地栖居在中国大地上。

喜致校长·328

感动必须由他人带来,希望必须寄托在自己身上。只有这样,一位校长才能不断从世界中汲取美好而不自恋,同时,从容耐心,永远不对他人失望。只有这样,一位教师才会让幸福感以几何级数增加。

暮省之思

在信息时代，人与人之间交流的碎片化，导致了同一群体之中感受的肤浅化、观点的趋同化。这些都在不断左右着生活，也在悄然改变着生活。

当信息时代的特点越来越多地影响教育，我们在教育中所使用的种种方法，也需要被重新厘清与梳理。

我们新教育种子团队在天长日久的教育生活中，将新教育的晨诵、午读、暮省，赋予了新的含义，并将其作为一种可以贯穿在日常生活中的教育手段，形成新教育师生双方共同推进的生活方式。

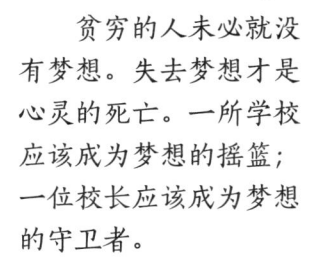

新教育晨诵，以叩问的方式，让蕴含积极力量的语言文字，摒弃知识化的传授方式，浪漫而直接地涌入心灵，让

> **寄致校长·329**
> 解脱和自由不同。解脱是放下，近乎懈怠；自由是放飞，激发力量。所以，校长的自由，永远是背负着责任的飞翔。

> **寄致校长·330**
> 贫穷的人未必就没有梦想。失去梦想才是心灵的死亡。一所学校应该成为梦想的摇篮；一位校长应该成为梦想的守卫者。

师生的生命在应和经典中，开始自我歌唱。

新教育午读，指以群体方式开展的阅读。无论各自阅读不同图书，还是一群人对同一本书进行多种个性化的解读，都会让人们在沟通中产生更为丰富而完整的理解，引发更多共鸣。

新教育暮省，指一个人或一群人的反思与自省，是对知识进行内化，对遭遇进行反思，以富有个性的深入梳理，激发行动力与创造力。

由此可见，晨诵是以诗意点燃，午读是以经典滋养，暮省是以反思内化。它们可以在日常教学的每一节课堂中展开，也是新教育学生的家庭生活的重要组成部分。它是有效抵御信息时代不良侵袭的良好方法，也是教师、学生、家长创造幸福完整教育生活的有效手段。

具体而言，暮省是什么？

暮省就是立足自己的生活，关照他人的生命，关注当下的社会，对经历进行反思和自省。暮省是对外部收获的内化，是高效

> **寄致校长·331**
>
> 让学校成为汇聚美好事物的中心，并不意味着师生没有了选择权。恰恰相反，这样的方式，正是为了提高选择的效率和品质。从百花齐放之中，激励和帮助师生学会独立思考、正确选择符合自身个性的美好，这正是把丰富的知识内化为师生的素养的最好手段。

> **寄致校长·332**
>
> 激励、鼓舞他人，从而唤醒、改变他人，这是校长必须承担的责任。只是，不同性格的校长，可以用不同的方式去完成。一位外向的校长，当然可以通过言语，一位内向的校长，也可以通过行动。如果能够行动加上言语，则会见效更快、传播更广。

开展德育的方式，也是一种有效的自我教育方法。

暮省的方式通常有两大类。

一类是个人的暮省。这是与心灵的自我对话。通常要求人们每天进行，类似写日记。和写日记不同的是，它不只是对自身事件的记录，而是以绘画（低龄段）、说写、写作为载体，来强调对所发生事件的思考。

另一类是群体的暮省。这是一群人的彼此对话。有一种群体暮省，是结合活动进行的，叫特色暮省。特色暮省的时间不定，通常在一段时间或者一次之内完成。有一种群体暮省，是以一定频率进行，叫主题暮省。主题暮省以一定时间为周期，一周一次、半月一次、一月一次等，每一组暮省包括不同问题，共同组成对一个年龄阶段重大主题的探讨，层层递进或者包罗万象，在反复中形成鲜明的内化效果。

暮省和午读，有时候都会以阅读作为起点，两者会有类似之处。但从本质上，两者又有许多不同。

虽然有的暮省和午读一样，会提供阅读的资料，但

> **喜致校长·333**
>
> 分享展示、竞争比赛，都可以激发群体的创造力。用分享的方式，速度比较慢，但是氛围愉悦，最终能够形成稳定呈现的团队文化；用竞争的方式，速度快，氛围比较压抑，这就需要以制度章程确保公平公正。校长根据情况灵活选择，就能达成不同的目标。

> **喜致校长·334**
>
> 教师评比，是用竞争的方法督促成人成长，但评比只是对结果的收割。培养教师，需要在减轻教师压力的情况之下，激发他们的兴趣，这样的行动才可能获得真正的成功。

> **寄致校长·335**
>
> 无论儿童还是成人，都具备生命的潜能，只是成人的自我束缚更多，因此需要更强的刺激，才可能释放潜力。校长要想让教师更快成长，就需要对他们实行全方位的刺激。

是，午读的重点是输入，暮省的重点是激发。

我们可以说，午读就像积蓄洪水用以发电。午读的资料是洪水，心灵的认知是堤坝，堤坝通过积累洪水酝酿能量。所以，午读的资料强调的是经典性和正确性，它需要对方向进行引领，是对根本素养的奠基。

暮省就像往海洋里扔进石头激起浪花。暮省的资料是一块石头，心灵是一片海洋，石头在心海中激发出水花。暮省的资料强调的是当下性和矛盾性，它需要话题上的争鸣，是对现实的模仿式抉择。

在这一基础上，对于"暮省"，我们不再以含混的"日记"或"写作"与之对比，而是对其本质进行了厘清与阐释，并以此回归到课程建设中进行相关探索。

在暮省课程的推进中，我们有以下开展暮省的时机：第一，因阅读内容开展暮省；第二，因庆典活动开展暮省；第三，因班级事件开展暮省；第四，因社会新闻开展暮省；第五，因重大主题开展暮省。

在具体方法上，我们有诸多方法推进暮省：绘画、对话、说写、写

> **寄致校长·336**
>
> 奖励成功者，是必要的，也是简单的。奖励失败者，才是管理的艺术。校长从失败者身上发现值得奖励之处，奖励的就不是结果，而是一种过程、一种精神。这种奖励势必会出现千金买马骨的效果。

> **喜致校长 · 337**
>
> 任何职业都有工具性,但将其工具化则会阻碍职业向事业、志业的超越。在促进教师成长方面,校长最容易激发教师兴趣的做法是:从教师的业余爱好切入,从教师当下关注的问题着手。

作,等等。

通过暮省,我们希望协助每个人汲取外在的美好,让自我充满个性魅力,同时又善于表达沟通,在合作中共赢多赢,让每个人不断自我挑战,不断成为更好的自己。

> **喜致校长 · 338**
>
> 如何激发起学生对学科的兴趣,是一位教师所需要做的最正确也是最艰难的事情。如何激发起教师对成长的兴趣,是一位校长所需要做的最艰难也是最伟大的事情。任何环境下,只要有一群渴望成长的教师,校长就可以笃信自己将创造出一所不断进取的学校。

新孩子思维

> **喜致校长·339**
>
> 树立新目标的最好时机，是在已完成目标的庆典上。新的挑战不能确保新的成功，但是可以确保已有的成功不会变为成长的坟墓。

何为新孩子？

新孩子，是一套童书。历经十年打磨，曾荣获"全民阅读年会50种重点推荐图书"等奖项，深受专家好评和儿童的喜爱。

新孩子，是一段历史。"新孩子"系列童书中的故事，以新教育实验的优秀案例为原型，始终绽放着智慧的光辉。

新孩子，是一项行动。从2014年"新孩子"乡村阅读公益行，走进中国大陆所有省、自治区、直辖市100所乡村学校的免费讲座，到2020年汇聚4000多间教室的"新孩子大学"，"新孩子"一直在持续深耕。

> **喜致校长·340**
>
> 校长鼓励学校中的每一位教师根据自己的爱好，研发具有个人特色的班本课程，从而鼓舞士气，激励教师成长。遴选优秀的班本课程，并将其提升为校本课程，就能在不动声色中培育榜样。

新孩子，是一个课题。从2019年9月开始，数百位教师开始因说写课程汇聚，深入探究这一贯通读写的新阅读之法。

或许，我们可以把新孩子归结为一种思维方式：拥抱真实，积极探索，乐观面对挫折，勇于自我挑战，秉承"自由、自律、自新"的儿童精神，终身学习，永远成长。

> **喜致校长·341**
> 幸福不是一个目的地，而是一段路途。如果路途中不幸福，终点处更不可能幸福。幸福在于发现，校长是最需要发现幸福的人。指引人们看见幸福之时，就是鼓舞人们追寻幸福之机。

有着新孩子思维的人，无论年龄大小，心中都会永葆童真。

早在1585年，明代末期的进步思想家、文学家李贽就写下了《童心说》一文，向当时在学术思想上占据统治地位的程朱理学发起挑战："夫童心者，真心也。若以童心为不可，是以真心为不可也。夫童心者，绝假纯真，最初一念之本心也。"

让后人感喟的是，这篇历时近500年至今仍不过时的思想力作，却诞生于两位好友之间的交恶中。据历史记载，为官清廉、政绩卓著的著名理学家耿定向，一度欣赏李贽，甚至盛情邀请相会。其后却因学术思想分歧，两人渐行渐远。耿定向在给朋友的信中批判李贽"以妄乱真、教坏毒世"，李贽得知后，愤怒之下创作此

> **喜致校长·342**
> 真正的学校应该立足土地、超越现实。校长需要努力筑造出一个能够让灵魂栖居的场所，让精神生命无限丰盈，从而照亮并引领生活，让自己和他人的人生变得无限丰富。

> **喜致校长·343**
>
> 幸福来自满足。所以，一位校长如何为自己、为学校设定阶梯式的循序渐进的目标，就变得格外重要。没有人能比一位校长更清楚一所学校的过去、现在，以及可能抵达的未来。

文而论战——或许，李贽的表现，也是童心的一种体现吧。

李贽的童心论，一针见血地指出封建礼教对天性、对情感的压抑，在理论上留下石破天惊的巨响。在现实生活中，真正让李贽提出"一念之本心"的力量得到彰显的是科技的发展和时代的更迭。

不同的时代有着不同的背景，也对人的素养提出了不同的需求。满足了时代需求的群体，会在相应的时代里得到新生：农耕时代，重新发现了男性；工业时代，重新发现了女性；信息时代，重新发现了儿童。

在农耕时代，男性的体能得到了最大的发挥。通过体力创造的财富，被人们重新分配，从而为当时的世界描绘出底色，也定义了不同群体的责任权利。

到了工业时代，科学的发展把人类逐渐从体力劳动中解放出来，工业革命导致了越来越多的重复的体力劳动被机械取代。于是，女性的细致、安静，反而成为工业时代的稀缺品质。与其说西蒙娜·波伏娃的《第二性》指出了社会对女性的重新塑造，

> **喜致校长·344**
>
> 严明的纪律、果断的行动、忘我的拼搏，会促使学校快速发展。高远的目标、良好的文化、鲜明的特色，会慢慢积累起学校的根基。在两者之间，全校师生的阅读、运动、交流，这些不紧不慢的事情，形成了学校的核心竞争力。

不如说它通过社会对性别的改塑，从而揭示了责任权利在新的时代里被分配的奥秘。

同理，当我们走进信息时代，就会发现被工业时代推崇备至的科学、理性、逻辑等，都只是物质世界的基础。建立在这样的基础之上，人类开始渴望精神世界的提升：丰沛的情感、好奇的火焰、无垠的想象……这一切，都是儿童的基本特征，也预言了儿童在信息时代的新生。

具有新孩子思维的人，正是这种"新生的儿童"。

就像直到信息时代来临，男女平权仍然还是人类的理想。如今我们提出儿童的新生，更只是在信息时代露出了一个小小的苗头，距离星火燎原，还有漫长的时光。

但是，女性的力量在工业时代被释放，是和男性在同一维度下的争鸣，儿童的力量在信息时代被释放，却是和成人在不同时空下的角逐：成人拥有当下，儿童拥有未来。

所以，漫长时光本身就是儿童新生的一部分，它将给今日的儿童，烙上最璀璨的未来之明证。在新孩子面前，未来将拥有无限的可能性。每一种可能性里，都蕴含着新的希望。当我们像李贽一般吹响号角，那么，我们不仅会被新希望启发，而且会被新思想滋养。我们将走向真正意义上具有儿童精

> **寄致校长 · 345**
> 教育不仅立足当下，更指向未来。未来有如迷雾，校长则是迷雾中的领路者。

> **寄致校长 · 346**
> 所有的创新首先是思想的创新。一位校长如果力图带领学校走出一条新的路，首先必须做好自我蜕变的准备。

> **喜致校长·347**
>
> 学校管理的目的是什么？自然是为了办好学校。但是，校长需要真诚地问问自己：办好学校的目的是什么？如果仅仅为了个人，那么再好的管理也不可能办出一所真正的好学校。

神之美的生命哲学，不再囿于成年人与未成年人表面的对立统一，从而将开辟出前所未见的新天地。

是的，在时空的长河中沉寂已久，被成人的粗疏和浅陋忽视得太久，明天的儿童——新孩子，不再仅仅作为生命的繁衍而存在。儿童正在成为人类社会生活的中心，更将成为文明发展的关键。时光的洪流推动着科技的巨轮，看似寂然无声，实则摧枯拉朽。

千百年前，孟子赞美："大人者，不失其赤子之心者也。"

数百年前，李贽定义："童子者，人之初也，童心者，心之初也。"

今天的我们，以新孩子之名，祝福每一个拥有赤子之心的人，以新孩子思维去思考、去行动、去缔造新中国更美好的明天。

> **喜致校长·348**
>
> 时间宝贵，可校长一定要读无用之书。图书内容可从校长的个人兴趣爱好入手。读无用之书，如竹篮打水，虽然水空，但竹篮干净——校长需要世俗之上的心境，才能超越，从而看清世俗之中的处境。

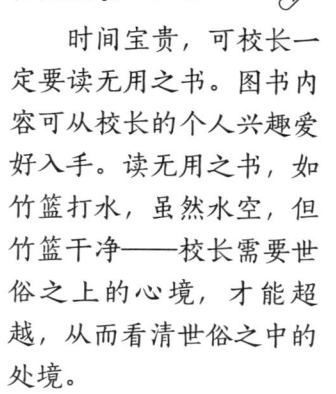

说写成就人人

说写，不是"说"与"写"两个字的叠加，而是一个完整的概念，指的是：以说为写，出口成章。

在飞速运转的时代，每个人都承受着越来越大的压力，无论教育还是自我教育都是如此。说写，深化阅读、精练口才、轻松写作，是举一反三的最佳例证。

> **喜致校长·349**
> 学校管理是一座立交桥。同一座桥，跑着不同的车、走着不同的路；同一个制度，面对不同的人与事，会产生不同的反应。

> **喜致校长·350**
> 一所学校没有自己的特色，就像一个人没有自己的特长，纵然十八般武艺都在中上等的水平，也无法将所有才华叠加出一座高峰。

从2010年3月28日，在"好孩子育儿网"的"亲子阅读"论坛上，说写课程以《读写之间有座桥》为题，播撒下第一粒种子开始，直至2017年10月，成为新教育新阅读研究所的重点课题，说写课程在漫长的岁月中经历了一次又一次拔节。

> **喜致校长·351**
>
> 梦想，需要大于今天的自己所拥有的力量才能完成。否则它就不叫梦想。所以，如果身为校长的你感觉疲惫，很可能不是说明你无能，而是说明你心中仍然有梦。

在这些年的研究中，我将自己在童年中接受过的"口头作文"训练，提升归纳为一套课程的理论与操作，总结出了课程实施的"七种武器"：共情生活、艺术观察、智慧倾听、逻辑阅读、哲学思考、精准表达和优美书写。

耕耘八年后，2017年11月4日，"童喜喜说写课程"第一届全国高端研讨会在北京清华附小举行。说写课程第一次正式亮相，就被《中国教育报》《中国教师报》《中国教师》杂志以及中国教育电视台等各大权威媒体报道推介。

紧接着，以说写课程为核心的公益行动开始启程。"喜阅教师公益行动"免费培训了3000多位教师，"童喜喜说写课程全国百万公益巡讲"免费培训了十几万位家长，并连续两年夺得"中国好教育奖——热心助力教育公益项目"的桂冠。

更大的奇迹，来自真实的数据。

经过45天的说写集训之后，一个来自内蒙古的6岁半的孩子养成了说写习惯，每天可以轻松说写一篇千字文章。

经过3个月的班级行动后，通过每周开展2至3节说写课程，在山东诸城杜芳老师的班级里，全班学生的作文平均分提高了十几分。

> **喜致校长·352**
>
> 以现实为土壤，以梦想为种子，以心灵为太阳，以绝望为希望，站起身永远比跌倒多一次……或许，这是对所有行动者的画像，校长也不例外。

在海南的库亚鸽老师新接手的一个初一班级中，全班54人，27人语文不及格，十几个人作文交白卷。经过两个月的说写课程的深度推进之后，全班期末语文平均分达到了92.31分。

江西定南中学的高三教师叶娇美，带领她的高三学生开展了一个学期的说写课程，最终全班语文上线率第一次取得了全校第一的成绩。随后，定南中学全校开展了说写课程，并以课题《"互联网+新高考"形势下借力说写课程助推高中作文写作的研究》在江西省教育厅立项为省级龙头课题。

最大的奇迹，还不是简单的数据，而是生命的怒放。

在数据背后，真正参与说写课程的每一个人，无论孩子、家长、还是教师，对写作的态度，都由恐惧变成喜爱，而亲朋之间的关系，也有迅速地提升甚至于质的改变。

正因如此，诸多国内外专家在了解说写课程之后，都留下了诸多点评和期许。

国际安徒生奖评委会前主席帕齐·亚当娜说："我祝贺你能够研发出这么一个原创、复杂而深邃的

> **喜致校长·353**
> 在信息时代，人们的理念越来越多元，要在此时开展教育创新就会格外容易被诟病。所以，对一位有理想的校长而言，家校共育工作绝不是可有可无的点缀。它不仅是教学效果的加速器，同时也是教育创新的保护伞。

> **喜致校长·354**
> 任何校长，都可以运用五种力量：权力、智慧、利益、荣誉、情义。能够调动所有力量，就能把事做好。如何调整力量的比例，则是管理的学问。

> **喜致校长·355**
>
> 权力的力量，来自组织。校长所能够运用的权力，是最强大的力量，也是最需要谨慎使用的力量。

能够帮助孩子们成功表达自己的模式。你已经把看起来相互矛盾的口语表达和书面语言，融合成高质量的书写，这是一个能帮助孩子们最大限度发挥潜力的伟大工具。"

美国马萨诸塞大学波士顿分校的教育领导学系主任、终身教授、"中国教育三十人论坛"成员严文蕃说："听说读写是学习语言的四个重要环节。如果把听和读算作输入，那么说和写就可以被看作输出。如何有效提高写的能力，历来是美国教育，也是世界教育的难题。'童喜喜说写课程'，梳理了四大环节之间的关系，把听纳入说中，以说架起读和写的桥梁，这是真正的整合，并且在攻克世界难题的道路上，迈出了可喜的一大步。在世界范围内来看，'童喜喜说写课程'对于写作和阅读，应该说是具有一定的引领性、创新性和引导意义的。"

国家全民阅读形象代言人、国际儿童读物联盟IBBY-iRead奖得主、中国陶行知研究会会长、新教育实验发起人朱永新说："这是一门实用课程，能够融合推动新教育十大行动的'培养卓越口才'与'师生共写随笔'。特别需要说明的是，说写课程是家庭生活的重要黏合剂。在家里，孩子训练说写，能提升自己的沟通表达能力，让家长有机会听到孩子的心声，这也就意味着亲子关系的融

> **喜致校长·356**
>
> 智慧的力量，来自知识。校长运用智慧的时候，需要将平日里积累知识与现实中人性的需求相结合。正所谓：世事洞明皆学问。

洽。好关系就是好教育，在家庭中尤其如此。同时，因为开展说写课程，孩子的学业成绩会和素养一样很快地得到明显提升，这也就缓解了家长的焦虑，让家长对于家庭教育更加从容，更有信心，如此便实现了亲子关系的正向循环。"

美国高等学府教育学院第一位华人院长、美国纽约曼哈顿维尔学院终身教授万毅平说："'童喜喜说写课程'深受欢迎，主要原因之一是接地气：童喜喜长期深入教学第一线，有许许多多的身处教学第一线的朋友，她知道教师和学生最缺什么、最需要什么。她那儿童文学作家的敏锐眼光和对教育的热爱，使得她编写的教材既符合教学原理，又切合实际，同时将学生兴趣和知识点巧妙结合。中国的教师和学生都非常勤奋，但是苦干有余，巧干不足。'童喜喜说写课程'为师生们的苦干加巧干提供了利器，自然会事半功倍。期待'童喜喜说写课程'将听说读写有机结合，形成一个完整的教学体系，成为中国新的阅读写作教育，为全球的听说读写提供创新的、高效的、快乐的模板。"

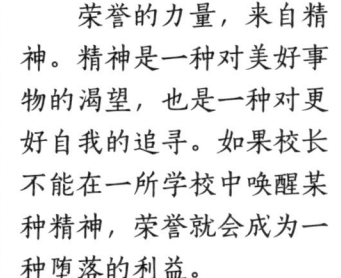

保加利亚作家、教育家兹德拉夫

> **喜致校长·357**
>
> 利益的力量，来自金钱。金钱是最直接的力量，也是最危险的力量。如果说利益是剑，公平就是剑鞘。校长在分配利益时，只有秉承公平、公正、公开的原则，才能避免在管理中出现反作用。

> **喜致校长·358**
>
> 荣誉的力量，来自精神。精神是一种对美好事物的渴望，也是一种对更好自我的追寻。如果校长不能在一所学校中唤醒某种精神，荣誉就会成为一种堕落的利益。

> **喜致校长·359**
>
> 情义的力量，来自生活。人非草木孰能无情？情的三种境界是情绪、情感、情义。最高境界的情义，是因公理而凝聚的感情。如果学校里普遍存在着情义，那么，校长推进的任何改革，就都有了安全带、降落伞。

科·伊蒂莫娃说："专注于提升阅读和写作技巧的'童喜喜说写课程'是一个独特的工具，它能够教会中国孩子如何以巧妙、科学且实用的方式学习阅读和写作。喜喜是一位高度专业又非常勤奋的教育专家，她通过持续的努力，取得了高质量的成果。中国学生和他们的父母都应该特别感激她。我相信中国会为童喜喜的成就感到自豪。"

中国全民阅读十佳推广人李西西说："说写，创造了一种介于说与写之间的表达方式，集中了说与写的优势。再普通的人，开始说写之后，都会从旁观者变成创造者。他们眼前的世界都会和从前不再一样，他们在学习、生活、事业等方面开启了此前难以想象的天地。"

美国休斯敦独立学区研究部研究员叶仁敏博士说："在'童喜喜说写课程'已经完成的实证研究中，实验组在写作兴趣、自信、上课投入、思维观察、习惯五个方面都显著高于对照组。"

全国推动读书十大人物郭明晓说："激发兴趣、消除恐惧、建立自信、提升能力等，都是成人对'童喜喜说写课程'的描述。在孩子们心

> **喜致校长·360**
>
> 发展再大，也不可能把乡村全部变成城市，学校也是如此。一所乡村学校，只有找到自己的定位，才能活出自己的尊严。而这个寻找和确立定位的工作，只有校长才能真正完成。

三 让生命歌唱 / 187

目中，说写完全是一种好玩的游戏。有的孩子一天自觉自愿说写好几篇，有的孩子一口气说写两千字。他们更多的是读到哪儿、走到哪儿、说写到哪儿，随时随地思考、创作、分享……因为说写，孩子们沉醉于阅读和写作之中！"

国际儿童读物联盟（IBBY）主席张明舟说："童喜喜在儿童文学创作、教育和阅读领域融合创新方面成就非凡，我亲眼看见'童喜喜说写课程'的团队成员是如何无私而忘我地工作，并取得了一系列让人赞叹的成就。在北京和山东，我曾两次参加'童喜喜说写课程全国研讨会'，也亲见了一大批因为说写课程，得到奇迹般成长的儿童、教师以及家长。我确信她的教育研究和实践，特别是'童喜喜说写课程'对用创新模式助力实现教育公平的意义是特别重大的。"

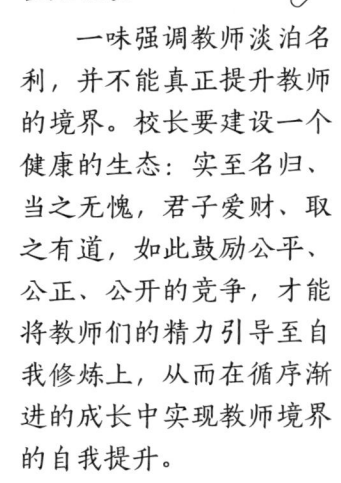

是的，我们夜以继日地深入研究，其实最终是为了一点：教育公平。

真正的教育，本身就带有公益的属性。教育效率的目的是提升教育公平的品质。

正是为了这一公益属性，我

> **喜致校长·361**
>
> 一味强调教师淡泊名利，并不能真正提升教师的境界。校长要建设一个健康的生态：实至名归、当之无愧，君子爱财、取之有道，如此鼓励公平、公正、公开的竞争，才能将教师们的精力引导至自我修炼上，从而在循序渐进的成长中实现教师境界的自我提升。

> **喜致校长·362**
>
> 城市学校的优势，并没有人们想象的那么明显。尤其是城市中一般水平的学校，在乡村学校被惯性认定的弱势和城市学校被惯性认定的尚可之中，稍不留神，其中的团队就会变成温水煮熟的青蛙，逐渐陷入懈怠之中。

> **寄致校长·363**
>
> 乡村学校的劣势，是人们常常诟病的资源匮乏和各方面人员素养较低。但是，乡村学校的优势在于人员流动性较小，人与人之间更容易建立信任。如果一位校长有信心振臂一呼、有行动身先士卒，就会增强凝聚力，众志成城。

从文学跨界到教育，从一个儿童文学作家，变为一个教育工作者。

我希望，说写成就人人。

我相信，说写能够成就教师。亲爱的老师们，因为职业需要您必须说得精彩，所以您需要说写。就在您的教室里，就在您每天的二十四小时之中，就涌现着那么多生命不断拔节成长的故事，因此您应该用说写，尽可能地绽放自己的美好，让您的光芒照亮更多人。

我相信，说写能够成就孩子。我们需要成就孩子，不仅仅因为孩子弱小，需要我们的帮助，还因为孩子就是我们的未来。更重要的是，当我们实施说写课程，我们就能发现孩子充满灵性，他们会向前奔跑着长大。孩子有所成就，意味着未来的世界更加美好。

我们还需要去用说写成就人人。不管我们是否意识得到，教育每成就一个人，就是在成就一个家庭。在这些家庭之中，有父亲，有母亲，有父亲和母亲的父母。我们培养好一个孩子，这个孩子还会影响他的父母，影响他的亲人。

于是，我们最终真正成就了整个世界。

> **寄致校长·364**
>
> 乡村学校和城市学校其实各有优势和劣势。心中有梦的校长，无论身在乡村还是城市，都能够从不利中发现有利的机会，甚至把某些劣势转化为独特优势。

因为我们正在这里，我们正在建设，因为我们在以行动建设，我们在以建设善意地批评，因为我们的批评满含着热爱，所以，我们对社会的改良将以共赢的方式获得最后的胜利。

为此，我们要从最小的事情做起，我们要从成就一个又一个人做起。

我们以说写成就人人，让人人可以并肩抵达远方。那样的远方，就是我们所要创造的未来。

> **喜致校长·365**
>
> 现代化的管理中，有了越来越多的理论和实践。但是，非理性管理应该在教育中永远占据一席之地。非理性，不是纵容，而是尊重：尊重人性的复杂、尊重情感的价值。尊重非理性，才能让校长更理性。

后　记

校长的另一种称谓

　　作家和教师的工作都像是个体户：关上大门，教书写书，谁都管不着他们。所以，2015年之前，我完全把自己等同于一位最普通的乡村一线教师。我想到校长，就像老鼠想到猫一样恐惧。

　　2015年6月6日、7日，我在北京举办了"新孩子"校长联盟第一届研修班。那是我完成"新孩子"乡村阅读公益行后，为我去过的100所乡村学校的校长提供的一次免费培训活动。从那之后，那些我在全国各地亲眼见过的校长，就已经不再是领导，而是逐渐走入我的生活、融入我的生命的同伴，甚至是手足。我也逐渐懂得了校长们的喜怒哀乐。

　　其后，我创办的几个公益项目，也纷纷进入转型期：日益庞大的规模让我无法再以家人的方式、以情感的力量做有效的管理。经受了太多历练，反思总结了太多血淋淋的教训，我逐渐品尝到了校长们的酸甜苦辣。

　　我所做的教育公益项目的发展，我和校长们的真诚交流，让我对教育问题的思考有了新的维度。日积月累之下，也就有了这本《校长的超越》。所以，这本书其实也是我努力进行的自我超越，在此，我希望能够得到读者们的批评指正。

在内容上，本书由两大部分组成。

一部分，主要是我为《教育读写生活》杂志所写的卷首语。这本杂志是我接受《读写月报·新教育》的创刊执行主编李玉龙的临终托付，并且经新教育实验发起人朱永新的再三委托，由我创刊并担任执行主编的一本杂志。杂志发行的时间跨度是从2016年1月至2020年12月。

另一部分，是我专程为我的校长朋友们私下所写的话。那是2019年，我每天为这群校长朋友写一段话，一共写了365段。起因是我去美国参加"哈佛中国教育论坛"，此行激发了我的很多思考，于是我特别希望重新回到"扎根土地"的角度，重新做一些梳理。

在版式上，特别感谢编辑李楚妍，这种创造性的排版方式，增加了她的劳动强度，却让这本书在形式上实现了超越。

今天是6月5日。6年之前的今天，正是全国各地近500位校长进行"新孩子"校长联盟第一届研修班报名的日子。6年之后的今天，仍有许多当年结识的校长们在不断传回消息，让我对未来报以热望：尽管挑战频仍，但在这片大地之上，爱与美好，生生不息。

如果有乡村校长关注到这本书，我特别希望您能够阅读我写的另外一本名为《如何打造一所乡村名校》的书。《校长的超越》所写的更多是"道"上的探讨，是心灵的蜕变。这是精神上的"鲤鱼跳龙门"，是在行动中的回味，是对自我进行的不断超越。《如何打造一所乡村名校》所写的则是"术"上的操作，是实战的方法。一所再小再偏的学校，都是麻雀虽小五脏俱全。真正当好一校之长，尤其是资源相对欠缺的乡村校长，是非常艰难的，正因如此，方法才格外重要。

有人说校长是学校的"首席教师"——我特别喜欢这个称谓。衷心希望有更多好教师被提拔成为"首席教师"，衷心祝愿有更多普通教师能被这样的"首席教师"关怀和引领着，创造幸福完整的人生，那么，必然会有更多孩子乃至更多家庭由此过上幸福完整的生活。

2021年6月5日于北京

附 录

2003年5月

完成长篇小说《爱乱了》，由中国电影出版社出版。

著名评论家、武汉大学博士生导师樊星评论："在'新生代'中，'生在红旗下，长在欲望中'的，大有人在，却不可能是全部。有许多出身贫寒的大、中学生还在社会的底层为了生存而拼命奋斗，这样的人比起已经过上了'小资'生活的青年，当不在少数。如何写出压力下的坚守，迷惘中的坚韧，也许是'新生代'文学的新突破口所在。《爱乱了》在这方面做出了积极的尝试，其意义不可低估。"

2003年7月至2013年12月

完成"嘭嘭嘭"新幻想系列，由春风文艺出版社、中国少年儿童出版社、北京联合出版有限出版社（新经典文化股份有限公司）先后出版。该系列目前已出版《嘭嘭嘭》《再见零》《玻璃间》《小小它》《影之翼》《织梦人》《我找我》7册。

该系列为童喜喜的童书代表作，适合小学中年级至初中的学生阅读，曾获冰心文学奖、国家新闻出版广电总局向全国青少年推荐百种优秀图书、全国优秀畅销书奖、团中央"五个一"工程奖、国家"三个一百"原创优秀作品奖等奖项，先后入选2004年"亲近母语读写大赛"必读书目，第五届沪、港、澳与新加坡四地中学生读书征文活动必须参考书目等多种读书大赛必读书目。

2004年4月至2009年7月

完成"魔宙"系列图书，由古吴轩出版社、中国少年儿童出版社先后出版，已出版《因为有你》《彼岸初现》《流年行歌》3册。

该系列为全景创世纪式奇幻小说，曾获全国优秀畅销书奖、思考乐最佳幻想奖。

2006年6月至2012年4月

完成**"百变王卡卡"系列**，与李西西合著，由接力出版社、江苏少儿出版社先后出版，已出版《一朵花的森林》《甜甜的淘气老师》《吃掉铅笔来跳舞》《蒲公英飞过城市》《你找不到我》《幸福的秘密》《好听话大合唱》《雨天其实也有阳光》8册。

荣获《中国教育报》"2018年度致敬童书20强"称号，入选教育部《2019年全国中小学图书馆（室）推荐书目》。

2008年9月至2017年3月

完成**"网侠龙天天"系列**，由中国少年儿童出版社、二十一世纪出版社先后出版，已出版《给老师当老师》《班长打擂台》《王牌对手》《神秘的幸福基地》《天使在人间》《亲亲一家人》《小侠在行动》《明星奇遇记》8册。

该系列为网络题材的校园小说。书中首度提出"网商"概念（网络智商＋网络情商），由"IAP中小学生综合素质能力竞赛""百度宝宝知道"及诸多教育家、阅读推广人权威推荐，获《中国少年报》选拔试读会小读者票选第一名、入选北京阅读季"最受青少年喜爱图书100种"、2017年度中国童书榜"父母特别推荐奖"。

2010年9月

完成**《我们的一年级》**，由中国少年儿童出版社、北京联合出版有限公司（飓风社）先后出版。

入选著名特级教师张祖庆寒假推荐书单。

2011年5月

完成**《那些新教育的花儿》**，由福建教育出版社出版。

该书为报告文学，记录了参加新教育实验的人们的诸多探索，从一个个具体人物的喜怒哀乐中，折射出中国教育的现状与思考。

2016年8月至2019年1月

主编**《新教育晨诵》**（全套26册）、**《让生命放声歌唱——新教育实验晨诵项目用书》**，由安徽少年儿童出版社出版。

《新教育晨诵》系列从幼儿园至高中，每学期一册，为新教育实验的晨诵课程学生读本。童喜喜将稿费100%捐赠给了新教育实验公益项目。

荣获《中国教育报》2016年度"教师喜爱的100本书"。

2018年8月

完成**《智慧行动创造教育幸福——新教育实验十大行动理论与技巧》**，由山西教育出版社出版。

该书为教育理论专著。从阅读、写作、讲座、口才、课堂、网络、习惯、教室、家庭等十个方面，对新教育实验的十大行动从定义、解析、推进技巧展开论述。从区域、学校、教师三大层面，为从事一线教学和教育研究的人员，总结提炼出100多个行动方法、操作技巧。

荣登当当社会科学"新书热卖榜"教育类第1名，荣获《中国教育报》2018年度"教师喜爱的100本书"。

2019年5月

完成《萤火虫的故事》，由重庆出版社出版。

该书为童喜喜第一部童诗集。为中国知名童诗品牌图书"中国最美童诗"系列丛书之一。

2014年6月至2020年6月

完成"新孩子"系列童书，由二十一世纪出版社、安徽少年儿童出版社先后出版。

全套共24册。

"新孩子"系列童书开启了儿童教育文学先河，首创以文学提升核心素养的童书体系，结合耶鲁大学耗时40年的儿童心理研究成果，以中国新教育实验的真实优秀教育案例为原型，根据教育部推出的《中国学生发展核心素养》要求提炼出24大主题。每一本书侧重一个主题，以螺旋上升的方式对核心素养持续细化、深化、内化、强化，并以世界独创的说写课程搭建阅读到写作的桥梁，帮助孩子提升核心素养，养成说写习惯，汲取精神力量。

"新孩子"系列童书得到国际IBBY-iRead爱阅人物奖得主、国家全民阅读形象代言人朱永新，国际儿童读物联盟（IBBY）主席张明舟，国家图书馆少儿馆馆长王志庚，清华大学附属小学校长、全国著名语文特级教师窦桂梅，美国麻州大学教育领导学系主任、中国教育三十人论坛成员严文蕃教授，第一位美国高等学府教育学院华人院长、美国纽约曼哈顿维尔学院终身教授万毅平等诸多名家联袂推荐。

该系列荣获《中国教育报》2014年度"教师喜爱的100本书"之年度9部"儿童文学"作品之一、全民阅读年会50种重点推荐图书、"中国童书榜"2020年度最佳童书奖等。

2014年6月至2021年4月

完成**《喜阅读出好孩子》**，由湖北教育出版社、电子工业出版社先后出版。

教育类畅销书，系童喜喜自2010年开始历时5年阅读研究的心得，适合父母、教师阅读。先后入选《中国教育报》"教师喜爱的100种图书"、新东方家庭教育中心《父母阅读推荐书目100本》，获深圳图书馆年度读者借阅率最高总榜第9名、湘鄂赣专家联合推荐30种优秀图书、首届湖北网络读者"我最喜爱的10种图书"、《中国出版传媒商报》"家庭教育影响力图书"等荣誉。

2017年9月至2021年5月

完成《十八年新生》，由湖北教育出版社、电子工业出版社先后出版。

该书为教育散文，记录了童喜喜从一位写作者到一位教育公益人，从一位专职儿童文学作家到一位资深教育研究推广者，从1999年资助失学女童开始17年中的教育心路历程和探索行动。

荣获《中国教育报》2017年度"教师喜爱的100本书"。

2021年7月

完成《大语文日课——童喜喜说写365》，由电子工业出版社出版。

2021年9月

完成《在没有路标的大地上》，由电子工业出版社出版。

该书通过"故人不远""北川三忆""教育永新""雕塑自我"四部分，由远及近、由外及内，徐徐展开一位作家的教育人生画卷。作家以人生经历为纸，以仁爱之心为墨，以深刻反思为笔，探讨教育的本质问题：一个人如何在自我挑战中自我教育？

荣获《中国教育报》2021年度"教师喜爱的100本书"。